L'Hermitage Saint-Jacques,

ou

Dieu, le Roi,

ET

la Patrie.

Par M. Ducray-Duminil.

Tome Troisième.

PARIS,
MÉNARD FILS, LIBRAIRE,
Éditeur du *Répertoire général du Théâtre Français*,
rue Gît-le-Cœur, n°. 8.

1815.

DIEU, LE ROI,

ET

LA PATRIE.

L'HERMITAGE
SAINT-JACQUES,
ou
DIEU, LE ROI,
et
LA PATRIE.

Par M. DUCRAY-DUMINIL.

J'ai le prix de mes soins,
Et du sang des Bourbons je n'attendais pas moins.
VOLTAIRE, (*Adelaïde Duguesclin.*)

TOME TROISIÈME.

PARIS,
MÉNARD FILS, LIBRAIRE,
Éditeur du Répertoire général du Théâtre français,
rue Gît-le-Cœur, N°. 8.

1815.

L'HERMITAGE
SAINT-JACQUES,
OU
DIEU, LE ROI ET LA PATRIE.

CINQUIÈME MATINÉE
AUX
TUILERIES.

J'étais trop curieux de connaître enfin ce fameux Hermitage Saint-Jacques, dont le manuscrit portait le titre, et dont on n'avait fait encore que parler, pour m'amuser à causer avec mon vieillard sur des objets qui lui fussent étrangers. Aussitôt après notre réunion du matin aux Tuileries, je m'assis près de lui, je pris son ouvrage et j'y lus ce qui suit.

Il est donc un ciel clément, doux, pur pour l'ame pure, toujours azuré, toujours serein, que n'obscurcissent, que ne sillonnent jamais les orages!.... Il est donc aussi une peuplade d'hommes simples comme la nature, innocens comme leurs chevreaux, qui ne vivent en société que pour en goûter les charmes, les consolations, les secours réciproques, pour ne connaître enfin d'autres sentimens que ceux de l'amour et de l'amitié!.... O Monts Pyrénéens, où la nature a rassemblé ses plus grandes horreurs comme ses beautés les plus sublimes, offrez-nous vite et ce ciel et ces hommes heureux!

Qui vient troubler jusqu'ici mes méditations solitaires, dit un respectable vieillard à un étranger qu'il voit s'avancer vers lui, suivi d'une espèce d'écuyer? que me voulez-vous, monsieur, qui êtes-vous, et comment un homme, qui me paraît être un grand seigneur, se trouve-t-il, à cette heure, sur un des plateaux des vastes Pyrénées? — Pardonnez-moi, bon Béarnais, lui répondit l'inconnu, je suis un étranger. Appelé en Béarn par un devoir des plus sacrés, j'ai voulu, avant de me rendre au poste qui m'y est assigné, visiter ces contrées, ces vallées, ces plateaux magnifiques. Il est vrai que je m'y suis égaré; l'heure est avancée, la journée va finir, et, parvenu au sommet de cette montagne, je ne savais plus comment en descendre, lorsque je vous ai aperçu. J'ose vous prier de guider mes pas incertains et de m'indiquer un asile pour cette nuit; car j'ignore absolument si j'avoisine des villes, des villages, ou de simples hameaux. — Ce n'est point la méfiance, monsieur, qui m'a fait vous interpeller, peut-être avec un peu de dureté; c'est qu'accoutumé à ne voir venir ici, et encore de loin en loin, que des savans, ou des naturalistes, je n'ai pas été maître de ma surprise, en y voyant un seigneur, pour lequel ce genre de visite doit avoir peu d'attrait. — Oh, bon vieillard! croyez-vous que les merveilles de la nature n'aient pas d'attrait pour tout ce qui respire? c'est la curiosité qui m'a fait monter jusqu'ici, et je ne me lasse pas de promener mes regards sur les objets, aussi étonnans que variés, qui les appellent de tous côtés.

Le vieillard examina l'étranger, et lui dit : Monsieur me paraît en effet un homme honnête, et qui mérite la confiance de ses semblables. — Pour la justifier, bon vieillard, je vous dirai que je m'appelle Alain, seigneur de Taillebourg, et que je viens remplir dans votre province, une mission des plus importantes. — Une mission?.... Qu'est-ce que c'est que cela?..... Ce mot m'est suspect.... C'est qu'on dit qu'il y a tant de troubles en France?... —*On dit?*...

Est-ce que vous avez le bonheur de ne pas vous en ressentir? — Ici, seigneur? dans nos vallées? oh! nous ne savons pas ce que c'est. — Paisibles Béarnais, que j'envie votre sort! — Ecoutez donc, seigneur étranger, dans nos villes, c'est bien différent! on y parle de ligueurs, de catholiques, de protestans, de partis qui se font la guerre. Nous ici, nous ne faisons autre chose que des vœux pour le succès des armes de notre bon roi Henri. — De notre bon roi Henri! — Oui, vous m'effrayez! seriez-vous un de ses ennemis? — Bien au contraire, bon vieillard; c'est pour lui que j'ai entrepris le voyage du Béarn; j'ai l'honneur de l'approcher, de le connaître, de l'aimer, de le respecter, de consacrer enfin ma vie à la défense de ses droits sacrés. Mais vous, qui êtes aussi un fidèle sujet du bon roi de Navarre, comment vous nommez-vous, et quelle est votre condition?

Le vieillard était assis sur un monticule de gazon; il pria le sir de Taillebourg de s'y placer près de lui, et répondit ainsi: Ma condition, monseigneur, est aussi simple que mon nom. Je m'appelle Julien, et je suis le doyen des chevriers de cette vallée que vous voyez en bas. Mon rustique manoir est au pied de cette montagne; il ne tient qu'à vous d'y accepter, au milieu de ma petite famille, une collation frugale et une nuit tranquille. — Excellent Béarnais! j'accepte vos offres avec reconnaissance; mais, pour un simple chevrier, vous vous exprimez avec une facilité!.... Vous avez donc été élevé?..... — Dans les champs, monseigneur, tout simplement dans les champs ! — Cependant......

Le sir de Taillebourg contemple avec étonnement ce bon vieillard, dont les vêtemens sont des plus villageois. Celui-ci réplique : C'est que, monseigneur, il n'en est pas des bergers des Pyrénées, comme de ceux des Alpes. Quant aux dehors, les nôtres, lestes, bien faits, marchent, quoique pieds nuds, avec cette grace, cette légèreté qu'on ne rencontre que dans ces montagnes. Questionneurs aimables, curieux de choses étonnantes, lointaines; le bonheur romanesque de l'habitant des Pyrénées se compose de l'indépendance et de la liberté. Elle date de loin notre liberté. Mes voisins étaient libres, lorsque Rome subjuguait l'univers. Nous lisons peu; mais nous nous instruisons par la conversation des voyageurs; nous étudions sur eux le cœur humain, et quant à notre lecture, n'avons-nous pas là, sous nos yeux, le grand livre de la nature continuellement ouvert à nos regards avides d'y découvrir de nouvelles merveilles. Ici, une magnifique perspective succède sans cesse à une autre; des formes extraordinaires, des cataractes, des bois d'un style si grand, si imposant!... Sur cette plate-forme, assez étendue, ne voyez-vous pas, autour de vous, des centaines de chalets épars, couverts de planches de sapin et de terre. Le mien est comme cela, et cette espèce de couverture remplit encore un autre objet; elle sert de jardin potager. On fait croître sur ces toits des légumes ou du bled, à la volonté du cultivateur.... Un bois de hêtres et de chênes élancés entoure, comme dans un croissant, les paisibles cabanes. Pendant que le sommet des pics et des montagnes, couvert de neiges, est embrasé d'un soleil dévorant, les ombres de ces bois respirent la plus douce fraîcheur. Vous vous demandez sans doute, monseigneur, avec une espèce de surprise, comment il existe des hommes dans ces lieux, où se succèdent vingt fois par jour toutes les saisons ; ah ! ces hommes y sont plus heureux que ceux qui, comme vous, habitent les cours des potentats !

Le sir de Taillebourg était de plus en plus enchanté de l'esprit et de la philosophie du vieux chevrier Julien : Julien, lui dit-il, j'étais venu ici pour y jouir des beautés de la nature ; mais je ne m'attendais pas à y rencontrer un phénomène tel que vous ! — Il n'y a point, monseigneur, de phénomène ici. Tout autre

Béarnais vous parlerait comme moi. Plus près de la nature, peut-être épure-t-elle notre essence, et, dans l'examen de ses chefs-d'œuvre, dans le silence de nos vallées, nous gagnons plus par la réflexion que l'habitant des villes par le tourbillon des plaisirs ou des affaires, qui l'éloigne sans cesse de la méditation !.... Mais la nuit commence à voiler les objets, descendons, et suivez-moi par un chemin très-doux, que vous n'avez peut-être pas pris pour venir? — Non; je suis monté, avec mon écuyer, par ce chemin là-bas, très-étroit, très-scabreux et près d'un torrent dans lequel nous avons failli, dix fois, nous précipiter. — Ah! je le connais; c'est un sentier, à peine tracé, qui monte continuellement et borde le torrent de Valentin, fuyant avec fracas au milieu des rochers, car nous sommes ici sur le pic *des Trois Sœurs*, en béarnais *Très-Serous*, dans la vallée d'Ossau.... Mais je fais une réflexion: est-ce que vous voyagez à pied? — Non. Nous avons laissé nos chevaux au bas de la montagne, sous la garde d'un de mes gens. — Eh bien! venez chez moi, monseigneur? bêtes et gens, tout y sera bien reçu. Vous y verrez ma femme, mes enfans, mes petits-enfans, mon fils aîné surtout, berger comme je l'ai été, mais qui a voyagé, lui, qui est bien plus instruit que moi.

Le sir de Taillebourg fut en effet parfaitement reçu par cette famille nombreuse et hospitalière. On soupa, et la table, chargée de productions du petit domaine, de laitages et de fruits, n'avait qu'une propreté bien assortie au simple ameublement du chalet.

Julien, fils aîné, fit en effet briller autant d'esprit et plus d'érudition que son père ; ce qui surprit davantage le seigneur Alain : celui-ci, espérant avoir de lui quelques renseignemens, lui demanda s'il avait encore beaucoup de chemin à faire pour trouver la vallée de Baygorri, où l'appelait sa mission : « cette vallée, lui répondit Julien l'aîné, est au sud de nos montagnes, aux barrières mêmes de l'antique Iberie. Vous ne connaissez pas, monseigneur, l'endroit où vous allez ; c'est vraiment le séjour de la paix, de l'innocence et de toutes les vertus. Sachez qu'il existe, de temps immémorial, dans la vallée de Baygorri, un peuple inconnu, que la stérilité de son sol et son éloignement des grandes villes, ont mis à l'abri de l'avarice et de la cupidité des nations étrangères. D'après des traditions certaines, les usages particuliers d'un peuple aussi extraordinaire, différent en tout de ceux de leurs voisins; tout y est étranger pour un Ossalois lui-même. Cette terre, encore vierge, dépourvue de commerce, la moins travaillée, la moins modifiée par le mélange des étrangers, par le concours des mœurs et la communication des idées, recèle les restes précieux de ces Phéniciens, qui, sous le nom d'*Hellenes*, occupèrent les îles de la mer Egée et les côtes de l'Asie-Mineure, dont une autre partie fonda des colonies en Italie, dans la Gaule, en Afrique, en Espagne, et dans les autres parties de l'Europe, baignées par l'Océan.

» Si vous cherchez à connaître les hommes, science qui est la première de toutes, allez visiter ces peuples, vraiment étrangers. Gravez dans votre cœur et dans votre mémoire l'esprit qui les gouverne ; voyez-les, dans l'obscurité de leur chaumière, attachés au soc de leur charrue, ainsi qu'à leur antique et douce origine. Hâtez-vous ; car ce n'est plus que dans nos vallées qu'on trouve quelques vestiges de ces mœurs, dont il ne restera malheureusement aucune trace dans la génération prochaine (1). »

Le seigneur Alain de Taillebourg remercia Julien l'aîné des renseignemens qu'il lui donnait, et ajouta :

---

(1) Cette vallée de Baygorri qui, dans le seizième siècle était une véritable Thébaïde, telle qu'on la décrit ici, avait conservé son heureuse ignorance et la simplicité de ses mœurs jusqu'à l'époque de la révolution de 1789 ; alors elle a dû malheureusement changer, comme toute la France.

Heureux les simples habitans de ce coin fortuné du monde ! puisque, ne connaissant d'autres lois que celles d'une nature éclairée, d'autres mœurs que celles dictées par la vertu, ils se croyent, pour ainsi dire, seuls dans l'univers ! — Ils en sont réellement isolés, et forment, comme je l'ai déjà dit, un peuple à part dont les usages sont totalement étrangers à ceux des peuples qui les environnent, et qu'ils connaissent à peine ou ne veulent pas connaître. Je m'étonne même, monseigneur, qu'on vous ait donné une mission pour ces pastoureaux ; que vous ayez quelque relation d'affaires avec ces gens, qui n'en connaissent aucune. — Aussi, mon cher hôte, n'est-ce pas à eux que je dois m'adresser ; mais c'est, dit-on, dans cette heureuse vallée que se trouve le fameux Hermitage Saint-

Jacques, et je vais à cet Hermitage.

Le vieux Julien et son fils aîné se lèvent avec respect; toute leur famille, jusqu'aux plus petits enfans, imitent leur exemple; et le vieillard dit, en croisant ses mains sur sa poitrine : Quoi! monseigneur irait visiter ce pieux Hermitage, où il se rend journellement des chevaliers comme lui, de tous les coins de la France? Savez-vous ce que c'est que les saints personnages qui habitent l'Hermitage Saint-Jacques? Il en passe souvent dans nos vallées; s'ils y répandent mille bienfaits, il n'y a pas de bénédictions qu'on ne leur donne. Nos femmes, nos enfans se jettent à genoux seulement dès qu'ils en voient venir un de loin. Oui, c'est dans la vallée de Baygorri qu'on trouve cet Hermitage; mais, quoiqu'il y ait long-temps qu'il existe là, ce n'est que depuis un an,

tout

tout au plus (oh! il n'y a pas même un an), que le nombre de ses religieux s'est accru, mais en si grand nombre, en si grand nombre! qu'il faut qu'il y en ait plus de mille à présent. — Je le crois, bon Julien !..... Dieu a de si grands projets sur eux! — Je ne vois pas quels projets. On dit qu'ils ne sont institués seulement que pour visiter les pauvres dans leurs fréquens voyages, et laisser partout des traces de leur passage et de leur bienfaisance. C'est du moins le bruit populaire; à Baygorri même, on ne les connaît que sous ce rapport.

Sir Alain regarde son compagnon de voyage, et se tait.

Le vieux Julien ne remarque point son silence. Il redouble seulement d'égards pour ses hôtes, et, le lendemain matin, ceux-ci le quittent après lui avoir rendu mille graces de la manière obligeante avec laquelle il exerçait l'hospitalité.

Sir Alain de Taillebourg voulut se rendre sur-le-champ à l'Hermitage, où tendaient tous ses vœux. En conséquence, il traversa la vallée d'Aspe, si riche en pâturages, si magnifique par ses bois, et qui est vivifiée encore par l'industrie de ses cultivateurs. Après avoir passé une grande forêt de hêtres, il descendit un vallon charmant, au milieu duquel s'élevait l'édifice sacré de Notre-Dame-de-Sarrance. Il entra dans ce temple du Seigneur pour y faire sa prière; puis il se hasarda dans les sentiers qui conduisent au port de Canfranc. Il lui fallut souvent rétrograder, traverser des torrens sur des ponts suspendus, formés d'un seul sapin; mais le Gave d'Aspe, qui arrose la principale vallée, sa verdure, coupée par ce torrent qui y serpente, reposèrent agréablement ses yeux, fatigués des beautés terribles des montagnes.

Il sortit enfin de cette belle vallée, entra dans le royaume de Navarre, et des champs incultes, des forêts de sapins, une nature pittoresque, mais qui devait plus à elle-même qu'au travail des hommes, tout lui annonça qu'il approchait enfin de la vallée de Baygorri. Il n'avait plus que deux lieues à faire pour y arriver, lorsqu'un cavalier, qui allait aussi vite que le vent, passa près de lui et voulut sauter un large fossé. Son cheval ayant mal pris son élans, tomba. Ce fossé était privé d'eau; mais on y avait jeté des démolitions en si grande quantité, que le cheval de l'étranger s'y cassa la jambe. Sir Alain de Taillebourg et son compagnon de voyage volèrent soudain au secours du maltre, qui, leste, adroit, était déjà remonté sur la berge, sans avoir reçu la moindre blessure. En examinant bien sir Alain, qu'il remercia, l'étranger s'écria : Quoi ! c'est vous, sir de Taillebourg?

Alain dit à son tour : Que vois-je ! Adalard ! c'est au fidèle écuyer de mon cher cousin Roland de Mortagne qu'il vient d'arriver un pareil accident ! Que faites-vous donc sur cette route, aimable et spirituel troubadour?

Adalard va lui répondre ; mais il regarde le compagnon de voyage de sir Alain, et dit : En vérité, je marche de surprise en surprise ; c'est vous, Bastiano?

Bastiano répond : C'est moi-même ; vous me voyez maintenant serviteur pour la vie de ce digne seigneur. — Mais comment avez-vous quitté sitôt le bon Guillaume, l'obligeante Bertille, et surtout leur charmante fille Virgina, avec laquelle je vous ai vu fiancer ?

Un moment, interrompt sir Alain; nous avons réciproquement, tous les trois, des questions à nous faire. Commencez, cher Adalard, par nous dire comment vous vous trouvez dans ces vallées, si éloignées des châteaux de sir de Mortagne et du seigneur de Rançon ? — Cela est fort simple ; sir Roland de Mortagne, ses parens, ses amis et moi, nous allons tous à l'Hermitage Saint-Jacques ; nous y conduisons la jeune et belle Espérie de Hautefère, dont sans doute vous avez appris les malheurs. — J'ai tout su ; mais où sont-ils ; je ne vois que vous seul ? — Espérie a éprouvé tant de révolutions, la dernière surtout, au lac intermittent, et que je vous conterai, que sa santé en est altérée. Arrivée dans le Béarn, elle y est tombée malade ; un bon cultivateur Béarnais lui a donné l'hospitalité, ainsi qu'à nous, dans la plaine de Lescar ; nous avons eu la douleur de la garder là plus de quinze jours entre la vie et la mort. Elle s'est enfin rétablie, graces à nos soins, à ceux de son excellent oncle, et depuis quatre jours seulement, notre petite caravane s'est remise en marche, mais au pas, pour ne pas trop fatiguer notre chère convalescente. Le seigneur Roland de Mortagne, inquiet de ce qui se passe à l'Hermitage Saint-Jacques, m'a, dès le moment où l'on a pu se remettre en route, ordonné de prendre les devans, de crever mon cheval, s'il le fallait, pour aller annoncer son arrivée prochaine à nos amis, au comte de Rançon surtout ; et au jeune Hunold, qui ne doivent savoir que penser de son retard de près de trois semaines ; oui, il y a bien cela que nous avons quitté le château de Rançon.... Vous voyez que j'ai suivi à la lettre l'ordre de mon maître *de crever mon cheval;* car, en voulant sauter ce maudit fossé, je l'ai mis hors d'état de me servir.... A présent, seigneur de Taillebourg, je ne vous demande pas où vous allez ; la direction que vous prenez vers la vallée de Baygorri, m'annonce assez que vous vous rendez, comme nous, au chef lieu de notre ordre sacré ? — J'y vais en effet, pour la première fois, et j'ai voulu profiter de ce voyage pour visiter les merveilles de cette province, le berceau de notre bon roi. J'ai tout vu, sans oublier la précieuse écaille de tortue, faite en forme de coquille, dans laquelle il fut bercé, et que l'on m'a montrée dans le château où naquit le grand Roi (1)!

Adalard répliqua : Je ne puis revenir de ma surprise de retrouver ici et près de vous, ce bon, ce brave Bastiano, qui nous a rendu un si grand service, à ma jeune maîtresse et à moi, en engageant son beau-père à nous donner l'hospitalité, le soir du jour où j'eus le bonheur de délivrer la belle Espérie de la tour de Cahors. Sans lui, sans l'agriculteur Guillaume, nous aurions été découverts par Gélon fils, qui suivait nos pas, par ordre de son maître Antoine, et dormit à la

___

(1) On montrait encore, dans les premiers momens de la révolution de 1789, cette écaille de tortue, au château de Pau, dans la chambre du second étage, où ce prince vint au monde pour faire son bonheur et son adoration; mais, par la suite, des énergumènes du pays, apportèrent, en sacrifice, cette écaille, à la convention nationale, où elle fut brûlée.

belle

belle étoile, sans pouvoir deviner où nous avions passé la nuit. Je vous revois enfin, Bastiano; mais dites-moi, vous n'avez donc pas épousé votre prétendue Virgina?

Bastiano répond : elle est ma femme, sir écuyer; mais, ayant donné quelques jours à l'amour, à l'hymen, il était juste que le devoir reprît et son tour et ses droits. Voici donc ce qui m'est arrivé.

« Le surlandemain de votre départ, je conduisis ma chère Virgina au saint autel de la paroisse de Surville, et je devins son époux; mais, lorsque la cérémonie de notre mariage fut finie, le respectable pasteur qui nous avait unis, me dit à l'oreille : Jeune homme, j'ai un mot à vous dire à la sacristie.... Je m'y tranportai, et là, seul avec moi, il me dit, du ton le plus imposant : Vous voilà heureux, Bastiano, et j'en suis enchanté; car vous le méritez. Celui qui vous a servi de père n'a pas de meilleur fils que vous, le roi n'a pas de sujet plus fidèle, ni l'Etat de citoyen plus soumis; mais, en vous parlant de ce grand roi, qui vous a daigné signer un congé de sa main, n'est-ce pas vous rappeler une promesse que vous avez faite, sur une route, aux environs de Sarlat, à un seigneur qui vous a décoré de l'ordre des chevaliers de l'Hermitage Saint-Jacques? — Quoi! monsieur le curé, lui dis-je, vous savez?.... — Je sais tout, me répondit-il. Ce seigneur, que je connais, ne vous a-t-il pas ordonné de venir me trouver, afin que je vous donne les instructions nécessaires pour vous rendre à l'Hermitage? — Cela est vrai, monsieur le curé; mais est-ce donc aujourd'hui, à l'instant même qu'il faut que je parte, que je quitte ma femme? — A Dieu ne plaise, mon ami, que j'exige de vous un pareil sacrifice! Restez quelques jours dans le sein de votre famille, près d'une épouse adorée....; mais, Bastiano, si vous attendez que votre congé de semestre soit expiré, il ne sera plus temps de servir votre roi. Avant cela, il sera sûrement entré dans Paris, et votre bras lui deviendra inutile... Revenez, Bastiano, revenez me voir de dimanche en huit, et je vous dirai ce que vous aurez à faire.

« Je le quittai en lui promettant de revenir. En effet, après avoir passé quelques momens heureux près de ma femme et de ses parens, qui furent les miens dès le moment où ils m'adoptèrent, je retournai, au jour indiqué, chez mon vénérable pasteur, qui me donna le mot d'ordre, des instructions que je n'ai pas besoin de vous répéter, messieurs, puisque vous êtes, comme moi, chevaliers de Saint-Jacques. Il m'ordonna ensuite de partir sur-le-champ pour la vallée de Baygorri. Quel que fût mon zèle pour la cause du roi, j'hésitais à quitter sitôt mon nouveau ménage, lorsque je vis entrer chez le pasteur, un particulier enveloppé d'une énorme redingotte brune, qu'il jeta à l'instant sur un siége. Je ne me trompe pas, dis-je, voilà l'obligeant seigneur qui a bien voulu me donner la décoration de la coquille, et qui m'a enjoint, monsieur le curé, de venir vous trouver? — Vous le voyez, me répondit le curé, c'est le vaillant sir Alain, comte de Taillebourg ; c'est lui que vous avez rencontré et qui vient, aujourd'hui, réclamer votre parole.

» Sir Alain me dit qu'il allait à l'Hermitage ; il me demanda si je voulais le suivre, non comme écuyer, ma naissance s'y opposait ; mais comme son fidèle serviteur. J'y consentis ; je revins chez moi faire mes adieux à ma femme, à ses parens ; je les instruisis d'une partie des devoirs qui m'étaient imposés, et je partis. Depuis ce temps, je suis, j'accompagne ce maître révéré que vous voyez, et j'aspire à connaître enfin notre fameux hermitage, avec autant d'ardeur que les francs-maçons en mettent à desirer de voir la lumière ! »

Ainsi parla le brave Bastiano, et sir Alain reprit la parole en ces termes : j'ai beaucoup voyagé, depuis quelques mois, et pour des motifs que je confierai à mon cher Roland de Mortagne. J'ai rencontré ce militaire ; j'ai reconnu en lui un franc royaliste et je me le suis attaché, rien de plus ordinaire.... Mais à présent, Adalard, que vous n'avez plus de cheval, comment allez-vous faire? Ecoutez; je vous propose de monter en croupe, sur le mien, derrière moi. Nous arriverons ainsi tous trois à l'Hermitage; et vous perdrez moins de temps pour y porter les ordres de votre maître.

Adalard accepta cette proposition, et ces trois voyageurs entrèrent bientôt dans la vallée de Baygorri ; c'est-à-dire qu'ils éprouvèrent d'abord quelques légères difficultés. Plusieurs bergers, gardiens des troupeaux, voyant arriver trois étrangers, leur demandèrent, en langue basque, ce qu'ils voulaient, où ils allaient. Nos amis, n'entendant pas cet idiome, ne purent leur répondre. Alors les bergers donnèrent des coups de sifflets qui bientôt amenèrent quelques hommes armés. Ceux-ci demandèrent aux nouveaux venus, et en Béarnais, le sujet de leur arrivée. C'est assez l'usage, parmi eux, de tutoyer tout le monde ; ils s'en prévalent même envers les étrangers qui ne les préviennent pas par un air de popularité. Cette réception était neuve pour nos voyageurs, pour Adalard lui-même, qui avait été en Béarn, mais jamais à l'Hermitage Saint-Jacques.

Adalard leur répondit, en Béarnais aussi, nous venons de la Gascogne, et notre intention est.... — Oh ! interrompit le doyen d'âge des bergers, ne venez pas troubler notre heureuse contrée en nous donnant des nouvelles de la guerre, en cherchant à nous jeter dans tel ou tel parti; nous sommes en paix ici et nous ne nous mêlons des débats de qui que ce soit. —Quoi ! vous ne serviriez pas votre bon roi Henri, s'il le fallait? —Notre bon roi Henri, que nous adorons, a pour lui Dieu, ses vertus et ses droits ; cela est plus fort pour sa cause que tous les bras réunis de nos paisibles Baygorriens.

Adalard sentit qu'il ne devait pas parler politique à ces hommes qui chérissaient tant leur heureuse tranquillité. Il leur dit seulement : nous allons à l'Hermitage Saint-Jacques ; est-il loin d'ici ? — La preuve ?

Adalard, sir Alain et Bastiano montrent leurs coquilles, et cette vue produit, sur les bergers, l'effet d'un talisman. Ils s'agenouillent devant les trois chevaliers ; puis, se relevant, le doyen d'âge répond : Dignes et saints personnages, qui avez amené l'abondance et la fécondité sur notre terre ingrate, je vais vous conduire à l'Hermitage, où vous trouverez beaucoup d'hermites comme vous; car le nombre s'en augmente tous les jours. Chaque nouveau venu nous montre, comme vous l'avez fait, sa décoration, et nous ne laissons pénétrer que vos frères, dans notre vallée, fermée à toute espèce d'autres voyageurs. Carlo? — Mon père? — Reste ici, pour veiller l'entrée de ce défilé; je vais aller avec Vélascos et Julio, conduire ces vénérables messieurs à leur sainte maison. Elle n'est pas éloignée d'ici; au bout de cette forêt de pins, nous y serons.

Les trois bergers, Velascos, Julio et le doyen d'âge, qui s'appelait Val-Carlos, marchèrent devant nos cavaliers, et tous entrèrent dans la vaste forêt de pins, dont l'absolu silence qui y régnait, et les arbres d'un vert noir, inspiraient une sorte de mélancolie. Après avoir mis plus d'une heure à la traverser, ils aperçurent enfin l'entrée simple et modeste de l'Hermitage, qui ne leur parut pas, à l'extérieur, offrir un espace assez étendu pour recevoir la quantité de chevaliers qu'on disait y être réunis, mais c'est qu'ils n'en connaissaient pas le vaste intérieur.

Sur le bord opposé de la Nive, au sable argenté, dans l'endroit le plus étroit de cette rivière, s'élevait une espèce de chapelle très-gothique, offrant un seul pavillon carré, auquel tenait de chaque côté, un assez long corps de bâtiment ne formant qu'un rez-de-chaussée, et percé de fenêtres en ogives, telles que celles qu'on voyait autrefois à ce qu'on appelait les charniers de nos églises. Sur la chapelle était une espèce de tour carrée, très-élevée et qui ressemblait un peu, pour la forme plus que pour la hauteur, aux Minarets de l'Asie. Cette tour n'avait point de cloche, mais un beffroi, qui y existait de toute antiquité ; car cette chapelle était l'ouvrage des Maures, et avait servi autrefois de temple et de château-fort. L'entrée de la chapelle, du côté de la rivière, était fermée par un pont-levis, qui s'abaissait sur le fleuve lui-même et allait rejoindre l'autre rive, quand on voulait, ou entrer, ou sortir. Ce monument était de plus enfermé, des trois autres côtés, dans un large fossé qui, ouvert, à droite et à gauche, sur la Nive, en recevait des eaux abondantes, en sorte que l'Hermitage, avec ses nombreuses dépendances, que nous connaîtrons bientôt, formait une véritable île à laquelle on ne pouvait aborder que par le pont-levis jeté sur la rivière. Cette antique construction, forman plateau dans une plaine couverte d'arbres, se détachait à l'œil sur un fond pittoresque où se découpaient sur l'horizon, d'un côté, les belles fortifications d'Ustaritz, de Saint-Jean-de-Luz, de Tibour; de l'autre côté, les hauts édifices de Saint-Jean-Pied-de Port, et au fond, la dernière crête des Pyrénées, couronnée par les pics d'Anie, du midi, et les tours de Marboré.

Nous voici enfin, dit Adalard, arrivés au fameux Hermitage Saint-Jacques, mais comment y entrerons-nous; le pont-levis n'est pas baissé. — Il le sera bientôt, répondit Val-Carlos.

Et soudain il sonna d'un cor, qu'il portait en sautoir, ainsi que tous les autres bergers de la vallée. Le pont-levis s'abaissa alors, et l'on vit sortir de la chapelle un vénérable hermite, vêtu comme ceux de Saint-Jacques de Compostelle ; il s'avança vers nos voyageurs et leur demanda ce qui les amenait. Adalard lui montra un écrit de la main de Roland de Mortagne, et l'hermite, se baissant jusqu'à terre, le pria d'entrer, lui et ses compagnons.

Après avoir remercié les bergers, nos voyageurs passèrent le pont-levis, qui se leva sur eux, et ils furent introduits dans l'intérieur de l'édifice. Ce n'était point une chapelle, ainsi que l'extérieur le désignait ; mais une véritable chambrette de solitaire. Les murs étaient couverts de mousse. On y voyait un lit de paille et de fougère, quelques sièges en bois, une table, des ustensiles de cuisine de même matière, et un prie-dieu sur lequel s'élevait un christ de bois noir sur une croix de marbre blanc. Deux flambeaux de cuivre, portant des cierges, étaient aux côtés de ce christ, et devant lui brûlait une lampe suspendue à la voûte, qui était toute en rocaille. Ainsi ce réduit offrait bien un hermitage dans toutes les règles. On voyait même, du milieu de la voûte, descendre une corde qui s'attachait dans un coin, pour qu'on pût passer dessous. Cette corde, en la tirant, faisait mouvoir un fort marteau qui frappait, dans le haut de la tour, sur le beffroi, fait d'une combinaison de plusieurs métaux, et dont le timbre, frémissant au loin, était presque assourdissant, quand on en était près. Nous saurons quand et à quels usages servait ce tam-tam.

Nos voyageurs ne virent personne dans ce lieu; ils y firent leur prière devant le crucifix, et l'hermite, qui les guidait, ayant ouvert une petite porte qui donnait dans un des bâtimens latéraux, nos amis entrèrent alors dans une salle très-longue, dans laquelle ils aperçurent une foule d'hermites qui tenaient conseil, présidés par leur doyen d'âge. Adalard alla remettre son écrit de Roland à ce doyen qui, après l'avoir lu, s'écria : Bonne nouvelle, mes frères, notre prieur revient : le brave Roland de Mortagne s'avance vers cette retraite des fidèles amis du roi ; notre inaction va cesser enfin, et nous allons remplir le but de notre sainte institution.

Tous les assistans jetèrent à l'instant à terre leurs robes, leurs capuchons, et paraissant vêtus en chevaliers français, ils s'écrièrent d'une voix unanime : VIVE LE ROI ! VIVE NOTRE CHEF ROLAND DE MORTAGNE !

Tous se donnèrent ensuite l'accolade fraternelle, en agitant leurs glaives, et leur joie d'apprendre que Roland arrivait fut portée jusqu'à l'enthousiasme. Adalard, sir Alain et Bastiano furent reçus avec la plus franche cordialité ; on leur fit fête toute la journée, et pour la nuit, ils furent conduits, chacun dans une espèce de cellule, où ils trouvèrent des meubles commodes et de très-bons lits. Il fut question, le lendemain, de régler les préparatifs d'une fête, qu'on voulait donner au prieur Roland, ainsi qu'à sa nièce, la jeune Espérie de Hautefère, dont tout le monde plaignait les malheurs. Eh! quoi, demanda sir Alain, au doyen d'âge, est-ce que la jeune Espérie peut entrer dans cette sainte maison? Vous y recevez donc des femmes?

Le doyen répondit : Sans doute ; nous en avons déjà ici beaucoup qui ont voulu suivre leurs époux. Notre ordre

ordre n'est nullement une congrégation, un ordre de piété, un couvent. Sans doute, on y dit la sainte messe, on y suit les pratiques de notre divine religion ; mais ces devoirs ne se remplissent que comme on les remplirait chez soi, sans lois, sans réglemens, sans austérité. Notre communauté n'est qu'une réunion politique ; c'est une pension, si vous voulez, où l'on vit en commun, où chacun apporte sa rétribution, et est libre de faire ce qu'il lui plaît, à l'exception des heures de rentrer, de sortir et celles des repas, qui sont réglées et annoncées par le beffroi, pour qu'il n'y ait point de confusion. Il est vrai qu'au dehors, nous paraissons, nous agissons comme de saints Anachorètes, qui ne sont réunis que pour prier Dieu seulement. On ne nous croit occupés que de la prière, de la pénitence, et les nombreuses aumônes que nous répandons empêchent les curieux de scruter, ou de critiquer nos actions. Mais nous avons, vous le savez, un tout autre but, et la bonté, ainsi que la simplicité des paisibles habitans de cette vallée, sont une garantie suffisante de la paix dont nous y jouissons. Ils sont incapables de nous troubler en aucune manière; ils nous vénèrent tant qu'ils nous défendraient même, si, devenus suspects à l'autorité, nous étions attaqués par elle. Cela peut-il être autrement ? Nous ne leur faisons que du bien, et eux ne savent pas ce que c'est que de commettre le mal. Etrangers à tous les partis, ils savent à peine que la guerre civile déchaîne en ce moment les Français les uns contre les autres. Elle n'est jamais venue dans leur tranquille vallée; jamais elle n'y exercera ses affreux ravages. C'est une colonie étrangère dans le centre du monde civilisé, ou plutôt c'est un roc immobile au milieu des orages. On ne parviendrait pas à les ébranler, et ils ne songent à tourmenter qui que ce soit. Tels sont nos voisins; nous leur avons fait accroire que notre institution nous permettait d'avoir avec nous nos femmes, nos enfans, et ils ont trop d'innocence, trop de candeur, pour y chercher, pour y trouver le moindre sujet de scandale. Ainsi donc, nous pouvons recevoir, à leurs yeux, mademoiselle de Hautefère, et vous nous connaissez trop pour craindre que sa beauté, sa jeunesse et ses vertus ne soient pas respectées parmi nous.

Le soleil était au milieu de sa carrière, lorsque les sons répétés du beffroi annoncèrent l'arrivée du seigneur de Mortagne et de sa famille;

les bergers Baygorriens, qui avaient le mot, s'étaient tous empressés de venir l'annoncer à l'Hermitage.

En effet, Roland, les deux vieillards et leur suite se présentaient alors aux bergers qui gardaient l'entrée de la vallée, avant le bois de sapins. Tous les patriarches, tous les notables de Baygorri, étaient là, portant des bouquets, des couronnes de fleurs, qu'ils offrirent à ces nouveaux hôtes. Une musique pyrénéenne, composée de flageolets, de cors et de tambourins, vint flatter agréablement leurs oreilles. Une foule de jeunes Baygorriennes, n'ayant, sur leur tête, d'autre ornement que des cheveux d'un châtain clair, flottant sur une peau d'albâtre, ou retenus par un simple réseau de soie, leur offrit des jattes de lait de chèvres noires et des corbeilles de fruits du pays. Il fallut qu'Espérie, encore faible et convalescente, acceptât de tous ces présens, ce qu'elle fit avec cette grace qui lui était particulière; après quoi, le bon Val-Carlos, qui était le chef du gouvernement patriarchal du pays, harangua de cette manière ces seigneurs nouveaux venus :

« Messieurs, et vous, mesdames,

» Si c'est un honneur, pour les habitans de cette vallée, de recevoir d'illustres personnages tels qu'on nous a dit que vous l'êtes; c'est en même temps un devoir pour eux d'adoucir, par une hospitalité franche et cordiale, les chagrins que vous ont donnés, à ce qu'on nous a dit encore, des hommes plus malheureux que nous, puisqu'ils connaissent la haine, la vengeance, tous les vices qui souillent les hommes vivant dans le sein des villes. On nous a raconté que cette jeune et belle demoiselle avait perdu les auteurs de ses jours..... Intéressante opheline, vous avez retrouvé un père dans un oncle chéri ; venez, venez vivre avec nous, et vous aurez, en nous, des frères qui vous consoleront de tous vos malheurs. Que dis-je ? ici, vous ne connaîtrez plus le malheur ; il n'y est jamais entré, et notre vallée est, tant pour le corps que pour les mœurs, plus propre qu'aucun autre lieu de la terre, à raffermir la santé, à rendre la paix, le calme et le bonheur à l'ame la plus troublée. Avant que vous parcouriez, mademoiselle et messieurs, cette vallée enchanteresse et vraiment pyrénéenne, permettez-moi de vous en faire la description.

» La vallée de Baygorri, quoique bornée au sud par la Navarre espagnole, et à l'ouest par la Biscaye, est fort saine, parce qu'elle participe de deux climats opposés ; ses détours, ses sinuosités, occupent un assez grand espace, tandis que, dans tous les pays voisins, les habitans cherchent à se rapprocher en corps de société dans les villages. On ne voit ni villes, ni luxe, ni crime, ni infirmités à Baygorri ; chacun y possède une maison isolée, qui domine et paraît veiller sur un passage, sur un chemin ; agréables, propres, environnées de leurs champs, de jardins et de vergers, les maisons les plus rapprochées méritent à peine le nom de hameau. Chaque sommet de colline et de montagne est un corps-de-garde, ou un observatoire d'où les regards, se promenant partout sans obstacles, préservent de toute surprise ou d'invasion subite.

» Jetez les yeux de ce côté ; contemplez la vue ravissante que vous offre le versant de la Navarre ; il donne les arbustes et les plantes qu'on n'a ailleurs que dans les serres ; les lentisques, les myrtes à grande feuille, le jasmin jaune bordent les chemins ; les pins, les chênes verts, les liéges gagnent les hauteurs, confondus avec des buissons de genièvre, de romarin et de cyste. Le nord procure à Baygorri un air des plus salubres. Des bois de châtaigniers, des chênes antiques, offrent un spectacle plus magnifique que les bosquets d'oliviers. La nature semble prendre plaisir à s'y mettre en opposition avec elle-même, tant on la trouve différente en même temps sous divers aspects ; elle forme l'accord, inconnu partout ailleurs, des productions des plaines et de celles des Pyrénées. L'intérieur du pays, varié sans cesse par des lacs et des rivières,

vières, brille de tous les dons de la nature. Les bois propres à la construction des vaisseaux, des mines de fer, de cuivre, d'or et d'argent, font l'ambition des étrangers attirés du fond de la Suède et de l'Allemagne. Malheureux! ils n'ont jamais été tentés de partager le bonheur dont on jouit à Baygorri!.... Du sommet d'un rocher élevé au midi, on voit la Nive se précipiter, tomber de chute en chute, à travers les sinuosités de la vallée, devenir bientôt navigable, et porter les mats, ainsi que les produits des mines, jusque dans les murs de Bayonne. Ses contours irréguliers ne se bornent point à singer, comme les jardins anglais, le désordre de la nature; c'est elle-même qui les a tracés.

» Ainsi donc, placés sous une température aussi heureuse, spécialement favorable à la dignité de l'homme, les Baygorriens doivent aux avantages naturels de leur position, la fermeté dans le caractère et des vertus paisibles, inconnues à des nations plus ingénieuses, mais plus amollies. La valeur de notre colonie a défendu souvent cette terre des entreprises des Espagnols, comme elle l'avait mise à l'abri des efforts de Charlemagne et de deux généraux de Louis le Débonnaire ; on sait d'ailleurs que les Basques sont les premiers qui aient pénétré dans les mers du nord, pour y établir une nouvelle branche de commerce..... Pardon, messieurs et mesdames, si je vous parle si longuement et avec tant de chaleur de mon pays natal ?.... C'est que je me fais gloire de ma patrie ; c'est que je suis attaché, comme tous nos

Colons, à mes possessions, que je tiens de mes ancêtres, et qui passeront à ma postérité ; car c'est parmi nous une flétrissure que d'aliéner l'héritage de ses pères !.... Telle est, mademoiselle, l'heureuse contrée que vous allez habiter. Vous n'y serez entourée que d'amis, et l'infortune, ainsi que les passions haineuses des habitans des villes, ne viendront plus y troubler votre douce sérénité. »

Après ce discours, où brillait un orgueil national qui paraissait bien pardonnable, attendu que le pays, quoique frappé en apparence d'une espèce de stérilité, était vraiment ravissant, par la simplicité de sa culture et la variété de ses points de vue, le cortège des bergers, des pastourelles et des jeunes garçons, marcha en avant, aux sons du chalumeau, du flageolet, du tambourin, et en chantant en chœur la chanson béarnaise que voici :

RONDE BÉARNAISE.

 Vous, citadins des Villes,
 Vous, grands seigneurs des Cours,
Ah ! quittez vos tristes asiles
Que l'envie habite toujours.
 Venez voir nos campagnes;
 Désertez vos salons.
Le bonheur n'est que dans nos montagnes,
Le bonheur n'est que dans nos vallons.

 On dit que l'innocence,
 Chez vous court des dangers.
On dit que l'ennui, l'inconstance,
En amour vous rendent légers.
 Venez voir nos campagnes ;
 Désertez vos salons.
L'amour vrai n'est que dans nos montagnes,
L'amour vrai n'est que dans nos vallons.

 On dit que cent obstacles
 Vous font broyer du noir.

On dit qu'à vos plus beaux spectacles
On s'en va pleurer, chaque soir!
    Venez voir nos campagnes;
    Désertez vos salons.
Le plaisir n'est que dans nos montagnes;
Le plaisir n'est que dans nos vallons.

    Vous n'avez qu'en peinture
    Nos torrens, nos rochers.
Chez vous on ne voit la Nature
Qu'en tableaux aux murs accrochés!
    Venez voir nos campagnes;
    Désertez vos salons.
La Nature est là, dans nos montagnes,
La Nature est là, dans nos vallons.

    La paix n'habite guère
    Vos châteaux, vos palais;
Et souvent vous faites la guerre
En vain, pour avoir cette paix.
    Venez voir nos campagnes;
    Désertez vos salons :
Car la paix n'est que dans nos montagnes;
Oui, la paix n'est que dans nos vallons.

    L'intérêt seul vous touche,
    Adroits calculateurs.

Quand le rire est sur votre bouche,
Toujours le trouble est dans vos cœurs.
　Venez voir nos campagnes ;
　Désertez vos salons :
La gaîté n'est que dans nos montagnes ;
La gaîté n'est que dans nos vallons.

　Vous travaillez sans cesse
　A qui se trompera.
　Vous n'exprimez votre allégresse,
　Dit-on, qu'en grands airs d'opéra !
　Venez voir nos campagnes ;
　Désertez vos salons :
La chanson n'est que dans nos montagnes ;
La chanson n'est que dans nos vallons.

　Fuyez, fuyez la gloire ;
　Fuyez les vains honneurs,
Amans chanceux de la victoire,
Nobles, Traitans, Crésus, Auteurs.
　Venez voir nos campagnes ;
　Désertez vos salons :
Le bonheur n'est que dans nos montagnes ;
Le bonheur n'est que dans nos vallons.

Ce fut de cette manière que nos

voyageurs traversèrent le long bois de sapins et arrivèrent enfin au pontlevis de l'hermitage, qui se baissa pour les recevoir. Là, tout le cortège des bergers les salua et s'en retourna en chantant encore et en dansant. Cette jolie scène béarnaise avait distrait notre Espérie, et elle se disposait à examiner avec attention tout ce qui allait s'offrir à ses regards.

Les premiers objets qui les frappèrent, et bien agréablement, furent son ayeul Geoffroy de Rançon et son cher cousin Hunold. Quelle douce joie, et quels vifs regrets se mêlèrent ensemble à cette touchante reconnaissance. Tous trois se revoyaient après tant de malheurs ! Ma fille, s'écriait le vieux Geoffroy, ma chère Espérie ! Un monstre ne m'a donc pas privé de toi, comme il l'a fait des auteurs de tes jours ! —O mon père, répondit Espérie, que ne puis-je vous rendre en même temps votre fille, cette vertueuse Isabelle, qui nous attend maintenant tous au ciel!.... et toi, Hunold, digne compagnon, tendre ami de mon enfance, as-tu bien pensé à moi?

Peux-tu en douter, répond Hunold, les larmes aux yeux? tes malheurs, ta captivité, ô mon Dieu! puis-je y penser encore sans frémir. Oh! si je n'avais pas été retenu ici par les devoirs les plus sacrés!... Mais mon père l'exigeait.... Espérie! il te rend à mes vœux, combien nous devons le bénir; car il est, il sera toujours ton père, comme à moi!

Ces jeunes amans se livraient au plaisir de se voir réunis, et cette scène se passait dans la première chambre de l'Hermitage, en présence de Roland lui-même, qui souriait à chaque expression de leur amour aussi pur que naïf. On vint l'avertir qu'il était attendu dans la salle du conseil, là même où l'on avait introduit, la veille, Adalard et sir Alain de Taillebourg.

Il y entra, suivi des siens, et donnant la main à Espérie. Cette fois, il y avait beaucoup de dames qui se levèrent, ainsi que les chevaliers. L'aspect imposant de ce lieu frappa Espérie. Partout des flammes et des légendes, portaient les trois mots sacramentels de l'ordre : DIEU, LE ROI ET LA PATRIE ! Un autel préparé pour l'office divin, et le costume brillant de tous les chevaliers, ornés de riches manteaux, et parés de chapeaux à longues plumes blanches, ayant sur le cœur la décoration de l'ordre, et agitant leurs glaives nus, tout excita l'admiration de notre jeune orpheline, que les dames entourèrent ensuite, en l'accablant de complimens : que vous avez souffert, lui disait-on, jeune infortunée si vertueuse et si belle !

Espérie répondait en baissant les yeux : mes malheurs personnels, mesdames, je les ai oubliés ; ceux de mon père, de ma mère, seront ineffaçables là (*montrant son cœur*).

Une musique guerrière fit entendre tous les airs composés par Henri IV lui-même, et l'épée de Roland fut apportée par le second du nom, qui l'exposa, sur l'autel, aux regards et à la vénération de tous les assistans.

Un repas magnifique suivit cette solennité, et la soirée fut consacrée à des chants, à une fête royaliste, qui se terminèrent par le serment sacré que firent, tous les chevaliers, de mourir, s'il le fallait, pour la cause du meilleur des Bourbons.

Quand Roland fut rentré, avec sa nièce, Adalard et Hunold, dans le logement qui leur était destiné, il fit à Espérie le court récit qui suit, pour lui apprendre l'origine et les statuts de l'Hermitage Saint-Jacques :

« Tout ce que tu entends, tout ce que tu vois, mon Espérie, te surprend sans doute beaucoup ; mais ce qui va, par la suite, frapper tes regards, les étonnera encore bien davantage. Avant de te faire connaître le vaste intérieur de cette retraite, si simple à l'apparence, je dois te dire quel en fut le fondateur, et pourquoi il porte le nom de l'Hermitage Saint-Jacques. Tout ce que tu as vu, tout ce que tu verras, a été bâti, dans des temps reculés, par les Maures qui, ayant inondé l'Espagne et ces contrées, en furent enfin chassés, après y avoir commis d'affreux dégâts, et élevé des monumens à l'abri des outrages des siècles. Il n'y a pas cent ans néanmoins que tout ceci n'était en quelque façon qu'un monceau de ruines ; c'est-à-dire, que le fossé qui l'entoure et ses hautes murailles existaient ; mais l'Hermitage bâti sur le bord de la Nive, ainsi que les deux ailes de bâtimens qui l'accompagnent, n'y étaient pas ; à la place de la petite chapelle de l'Hermitage, qui aboutit au pont-levis, il y avait seulement une tour carrée qui supportait la petite, dans laquelle le beffroi, placé par les Maures, avait été respecté.

» Un nommé Guérillas, brigand fameux, avait fait de toute cette enceinte, un repaire dans lequel il entraînait le voyageur que lui et les siens avaient saisi, et le volaient après l'avoir égorgé. Il n'attaquait point les paisibles habitans de la vallée de Baygorri, aux yeux desquels il passait même pour un saint personnage, tant il savait joindre l'hypocrisie à la plus noire férocité; mais, attirant habilement les voyageurs dans son repaire, il n'en avait pas moins fait un lieu redoutable de meurtre et de brigandage. Des femmes même y devenaient victimes de toutes les manières de sa brutalité. Une d'elles, dont il était éperdûment amoureux, lui donna, malgré elle, un fils, qu'il se promit d'élever dans ses odieux principes; mais il n'en eut pas le temps; la mère et le fils trouvèrent le moyen de s'échapper, et Guérillas, quoiqu'il en fût au désespoir, ne put jamais les ratraper. Il arriva que son fils, nommé

Jacques Padillos (sa mère n'avait pas voulu qu'il portât le nom détesté de son père), fit fortune et devint un grand seigneur. Sa mère ne lui ayant jamais confié le secret de sa naissance, Jacques croyait qu'elle était veuve, et qu'il avait reçu la naissance d'un homme respectable, uni à sa mère en légitime mariage. Cette mère mourut sans l'avoir dissuadé de ce mensonge qu'elle lui avait fait, dans la honte d'avouer la vérité. Jacques alors voulut voyager avec sa femme et ses enfans. Arrivé dans cette contrée, Jacques, qui avait entendu parler, au loin, du brigand Guérillas, fit le projet de délivrer la société d'un pareil fléau. Après s'être associé une troupe de gens de cœur comme lui, il fondit à l'improviste sur cette caverne de voleurs, dont il trouva le moyen de découvrir les issues. Il y eut

alors, dans l'intérieur, un combat sanglant, dans lequel tous ces méchans furent exterminés. Jacques eut lui-même le fatal honneur de faire tomber Guérillas sous ses coups. Ce chef de brigands, abattu aux pieds de Jacques, respirait encore, lorsqu'examinant la main de son vainqueur, Guérillas s'écria : Que vois-je ! un doigt de moins ! le troisième de la main droite ! et un G, tracé sur le dos de cette main, par une brûlure faite dans votre enfance ! ô crime ! votre mère ne se nommait-elle pas Maria Roselli ? — Oui, pourquoi cette question ? — Elle était Italienne ? fille du comte Roselli, premier gentilhomme du duc de Mantoue ? — Cela est vrai. A quoi ?....
— Malheureux ! tu viens d'assassiner ton père ! — Mon père, vous ? — Tu liras ces papiers ; ils t'appren-

dront tout.(Guérillas donne un portefeuille à Jacques, qui reste frappé de la foudre, en y trouvant les preuves de sa naissance dans ce repaire, et Guérillas continue) : Je me doutais que Maria chercherait à me quitter un jour, et, pour reconnaître mon fils, dans tous les temps, j'avais eu la barbarie, en lui coupant un doigt, de lui imprimer sur la main, avec de la poudre, la première lettre de mon nom. — Ciel! ma mère m'a bien dit que, sortant du berceau, j'avais été pris par des brigands, qui m'avaient mutilé ainsi, et des mains desquels on m'avait arraché depuis..... Mais elle ne m'a point appris.... — Je suis ton père, malheureux Jacques, et tu es mon assassin.

» A ces mots, Jacques, frappé de repentir, tombe sur son père, veut le rappeler à la vie; mais c'est en vain;
Guérillas

Guerillas expire, et il expire comme il a vécu, en maudissant son fils, en blasphémant contre le ciel.

» Jacques, désolé, prend soudain un parti; il court en Espagne, où il résidait; il y vend toutes ses riches propriétés; il en met tous les fonds dans une énorme cassette; puis, volant à Rome, il obtient du pape une secrète entrevue, et lui dit, après lui avoir raconté le crime qu'il a commis : Je suis un parricide, un scélérat! permettez-moi, saint-père, de fonder un hermitage à l'endroit même où j'ai commis le plus affreux des crimes. J'y porterai mon or; j'y ferai le plus de bien que je pourrai, et ma famille et moi, nous nous y consacrerons pour jamais à la piété, à la pénitence, et à l'humilité.

» Le pape voulut en vain lui représenter que son crime était involontaire ; Jacques persista dans son vœu de retraite, et obtint la permission qu'il desirait. Jacques revint dans ce lieu, où il ne prit aucun repos qu'il n'eût fait rendre les derniers devoirs à son père, qu'on avait inhumé d'abord simplement en pleine terre. Jacques chercha alors à gouter quelques heures d'un sommeil que, depuis un mois, il avait volontairement éloigné de ses yeux.

» La vieille chronique qui rapporte cette histoire, ajoute que, pendant la première nuit de son repos, il vit en songe plusieurs anges, qui, la truelle à la main et le tablier de maçon devant eux, construisaient, dans le ciel, une chapelle et de longs corridors ornés de cellules. Quelle fut sa surprise, à son réveil, quand il vit sa vision accomplie ! La tour carrée du milieu n'y était plus ; à sa place s'élevaient la chapelle et la petite tour que l'on voit aujourd'hui. Les bâtimens latéraux étaient bâtis, et toutes les démolitions avaient disparu, en sorte que l'Hermitage, auquel il donna son nom, devint alors tel qu'il est encore aujourd'hui. Ce miracle, qu'on ne peut admettre, prouve seulement que Jacques, étant riche à millions, employa une assez grande quantité d'or pour que ces travaux fussent terminés en très-peu de temps. Il s'y retira donc, avec sa femme, deux filles, quatre fils, sept neveux, et neuf nièces, qui, tous, imitèrent son exemple et partagèrent sa vocation. Ce qu'il y a de singulier, c'est que cette famille fit, entre elle, des alliances de cousins et cousines, toujours avec la permission du pape, dit la vieille chronique, et qu'elle s'accrut de manière à ce que, au bout de cinquante ans, on y comptait, tant en hommes qu'en femmes, plus de soixante hermites. Il paraît cependant que la vie solitaire n'y fut pas du goût de tout le monde ; car, après la mort du fondateur, plusieurs familles sortirent de cette prison, comme on voit ces essaims légers s'échapper des ruches, et l'Hermitage devint même, dans ces derniers temps, tellement désert, que, sans nous, qui l'avons relevé pour un autre motif, il tomberait sans doute aujourd'hui en ruines.

» Je visitai cette maison, il y a deux ans ; je n'y trouvai plus que sept à huit descendans de l'hermite Jacques, hommes faits, pleins de sens, de droiture et d'amour pour leur pays. En bons Béarnais, ils chérissaient leur compatriote, le roi Henri, et gémissaient des troubles religieux qui s'élevaient de tous côtés : je vous aiderai, leur dis-je, à remonter votre ordre, si vous consentez à faire de cette retraite isolée et presque inconnue, un lieu de réunion sûr et secret, pour tous les véritables amis de la religion et du roi de Navarre (il n'était pas encore roi de France).... Ils y consentirent ; je leur proposai des règles, des lois, des statuts ; ils approuvèrent tout, et depuis ce moment, moi et mes amis, nous devînmes, comme eux, membres, même habitans, mais à notre volonté, de l'Hermitage Saint-Jacques. Le but apparent de l'ordre, est le même que du temps de Jacques Padillos, son fondateur, et tel qu'il en obtint du pape la permission. Il est censé que des gens riches, titrés si l'on veut, réalisant leur fortune dans un coffre, comme le fit ce Jacques, vont le porter à l'Hermitage, où ils se consacrent à la vie errante et bienfaisante, c'est-à-dire, que, vêtus comme des pélerins, ils doivent courir tous les pays, répandre des aumones partout, soulager les pauvres, consoler les affligés, et ne se mêler en aucune manière des affaires politiques. Les traces de leur passage, partout où ils vont, ne doivent s'apercevoir que par le bien qu'ils ont fait. N'adoptant aucun parti, que celui de l'humanité qui souffre des maux physiques, ils sont libres de crier *vive le roi*, avec les amis du roi, et *vive la ligue*, avec les partisans de cette coterie. On ne leur demande pas qu'ils se prononcent; on n'en a même pas le droit, et l'autorité qui les respecte la première, n'oserait ni les faire espionner, ni les troubler dans l'intérieur de leur Hermitage; c'est même, comme les bâtimens appartenant à l'ordre de Malte, un lieu de franchise et d'assurance pour tout coupable qui s'y réfugierait : les hermites ne peuvent pas plus l'en chasser, que la justice n'aurait le droit de le leur demander : voilà ce que nous sommes aux yeux du monde et des potentats qui le gouvernent.

« Mais, Espérie ! ce n'est plus cela dans notre intérieur. Sûrs d'y être à l'abri de tout examen, de toute recherche, de toute vexation, nous y travaillons au véritable but de notre création, que voici : amis de la religion, mais tous tolérans pour des différences légères dans la manière d'en pratiquer les saints mystères, nous recevons également les calvinistes, comme les catholiques, si tous ont de la moralité, du courage, et surtout un ardent amour pour la personne sacrée de notre grand roi. Notre institution n'étant entièrement que militaire, tu sens bien que nous nous occupons peu de la nuance des dogmes. Il nous faut des serviteurs du roi, et nous les prenons partout où nous les trouvons, même dans toutes les classes de la société; l'artisan, le villageois, s'ils pensent comme nous, sont reçus chevaliers comme nous, à l'exception qu'ils occupent auprès de nous des emplois subalternes; mais au feu, dans le danger, ils sont nos égaux. »

Espérie interrompt : j'entends bien cela ; mais, depuis deux ans, mon oncle, votre société n'a donc pas agi; elle n'a donc pas encore fait briller sa valeur ni son zèle à défendre les amis du roi ? sans cela, mon malheureux père, ma mère !.... — Je te comprends, Espérie, et je vais te répondre :

répondre : depuis un an, surtout, notre ordre a beaucoup agi, mais plus dans le secret que les armes à la main. Quel secours pouvoit offrir, quelle résistance pouvoit faire une poignée de chevaliers, dont le nombre ne s'élevoit pas alors à cent ! J'avais seul été obligé de les quitter pour aller me joindre à l'armée du roi, ou je fus blessé, comme tu l'as su. Je revins alors à l'Hermitage, où j'organisais cet ordre, lorsque vous avez été tous arrêtés. Moi, et une quinzaine de mes amis, nous tachâmes de le porter à un nombre assez fort pour pouvoir former une espèce d'émeute, vous arracher de votre prison, sauver surtout ta mère du coup qui l'a frappée. Nous connaissions un moyen sûr pour mettre sur pied, sur-le-champ, un corps d'armée formidable, c'étoit de trouver certaine liste de conjurés, liste dont sans doute tu as entendu parler, et que ton père a brulée probablement, puis qu'elle est introuvable depuis sa mort ; nous eussions eu alors vingt mille hommes, au lieu de cinq cents, qui à cette époque composaient notre ordre. Sur ces vingt mille qui, dit-on, s'étoient fait enregistrer, tu vois que dix-neuf mille cinq cents ont gardé le silence, ont eu peur, ne se sont pas montrés. Tel est l'effet des guerres civiles. Une poignée de factieux en impose à une multitude d'honnêtes gens ; ceux-ci redoutent les proscriptions et laissent faire le mal qu'ils pourraient empêcher. Le découragement s'est alors emparé de nos guerriers, et j'ai fait de vains efforts pour les engager à sauver mon frère, ainsi que mon infortunée belle-sœur.

» Cependant, Espérie, il ne faut pas croire que nos chevaliers se soient contentés de faire des vœux, enfermés dans cet Hermitage ; ils en sont sortis, tous, et très-fréquemment ; mais ce n'a été que pour grossir notre ordre et faire, en secret, des prosélytes au roi. C'est ainsi que, couverts de la robe, du capuchon et du camail, ils ont été, trois ou quatre au couchant, cinq et six au nord, et généralement tous, parcourant, par petits détachemens, les diverses provinces et villes de France, ne demandant rien, dans chaque endroit, prodiguant au contraire des aumônes aux indigens, aux églises, même aux couvens ; se faisant vénérer partout de cette manière, ils découvraient les opinions de gens, ou timides, ou privés de points de ralliement ; ils leur distribuaient des brevets, des décorations de notre ordre, et c'est ce qui fait qu'on a vu accourir vers cette retraite, des centaines de profès qui ont enfin accru le nombre de nos chevaliers, au point qu'il est aujourd'hui de quinze cents. Tous ne sont pas ici, comme tu dois penser; il y en a plus des deux tiers qui courent la France, sous le même voile et dans les mêmes intentions que les premiers qui ont tant recruté de compagnons d'armes. Le fidèle Langlois, prévôt des marchands de Paris, m'en demande vingt, je vais lui en envoyer trente, ce n'est pas trop pour une si grande ville. Eh bien! ces trente chevaliers vont scruter adroitement l'opinion de chaque chef de famille, et, d'ici à quinze jours, ils auront fait encore quelques centaines de prosélites à la cause du roi, lesquels resteront dans Paris et s'adjoindront à leur tour, des amis. Telle est jusqu'à présent, l'occupation de notre ordre. Bientôt il se lèvera tout armé ; je me mettrai à la tête de cette phalange et c'est pour la conduire au roi, pour la guider dans le chemin de la gloire, que j'ai demandé l'épée invincible du paladin dont j'ai l'honneur de porter le nom. Cela ne tardera pas, je vais faire un appel à mes chevaliers, les réunir tous dans cette enceinte ; puis, marchant serrés, en bataillon sacré, nous partirons pour les plaines d'Ivry, où la victoire doit décider du sort de la France. Tu connais maintenant notre but, nos projets ; demain, ma nièce, je te ferai visiter avec moi la vaste enceinte de cette antique retraite des Maures. Espérie ! repose tranquillement, répare tes forces ; tu en auras besoin pour.... pour faire, avec ton oncle, cette visite des plus importantes pour toi. »

Roland, en achevant ces mots, poussa un profond soupir ; quelques larmes vinrent humecter ses paupières, quand, ensuite il embrassa sa nièce, en lui souhaitant un bon sommeil. Hunold, Adalard, parurent aussi affectés que lui ; tous trois se retirèrent enfin, en regardant Espérie avec un air de sensibilité qui ressemblait plutôt à de la compassion. Un adieu aussi triste dans un moment où l'on n'était plus entouré de dangers, étonna, effraya même Espérie. Quand son oncle et ses amis furent partis, elle se tourna vers Sergie et lui dit, en soupirant à son tour : qu'ai-je donc encore à redouter, ma tendre amie ? Mon oncle, mon cousin, Adalard se retirent en me regardant avec une espèce de pitié qui semblerait m'annoncer quelque nouveau malheur? Ne suis-je pas avec eux, sous leur protection, loin de mes ennemis, entourée de défenseurs zélés? Que signifie cette étrange sortie?... en saurais-tu quelque chose?... Tu te tais? tu détournes les yeux? tu soupires à ton tour?... Sergie, tu me caches la vérité?

Sergie répond avec timidité : Moi, ma chère maîtresse! je cherche, comme vous, dans ma tête, ce que signifie cet air triste et soucieux qu'en effet le seigneur de Mortagne a laissé paraître, ainsi que le sir écuyer et votre cher cousin... Je ne vois pas....

— Je me souviens toujours qu'en mettant le pied dans le Béarn, mon oncle m'a annoncé un grand événement qui m'y attendait; tu te rappelles qu'il a même préparé mon courage à s'armer contre ce nouveau coup du sort... Il me glaça l'ame de manière à ce que, depuis, je n'ai jamais oublié ce triste moment. Sergie? tu sais quelque chose, je le vois?... Tu me le caches, et cela n'est pas bien. Une amie doit-elle avoir un secret pour son amie?.... — Mais que voulez-vous que je sache?... Je vous le demande à vous-même.... Je ne peux pas deviner... N'êtes-vous pas ici à l'abri de tout événement? Oh, il ne vous en arrivera plus, je puis bien vous le certifier; ce n'est pas ici que vous serez exposée à des captivités, des enlèvemens comme vous avez déjà pensé en être la victime; cela, je vous le jure bien fermement. — En ce cas, Sergie, que pourrais-je donc craindre? — C'est... c'est ce que je me demande comme vous. En attendant, ma chère maîtresse, veuillez chercher le sommeil qui ne peut fuir l'innocence, et confiez-vous en la miséricorde divine, qui ne vous abandonnera pas plus qu'elle ne l'a fait jusqu'à présent.

Espérie et Sergie causèrent encore quelques instans ; puis elles se mirent au lit dans la même chambre, où l'on avait préparé deux couchers, tout ce qu'il fallait pour qu'elles fussent ensemble commodément.

Après avoir un peu rétabli le calme dans son ame troublée, Espérie allait s'endormir, lorsqu'elle crut entendre marcher à petits pas dans un corridor sur lequel donnait la porte de son appartement. Une voix dit même tout bas : *Est-elle endormie ?* Une autre voix répondit de même : *Je l'espère, on n'entend plus rien chez elle. — Allons, tant mieux*, reprit la première voix. *Il ne faudra pas oublier de la lier, de la garotter, au point du jour, afin que ses cris ne puissent pas avertir la personne que tu sais. — Je me suis procuré une clef de sa chambre; j'y entrerai dans deux heures, et je vous réponds que vos ordres seront exécutés.*

Les deux personnes, qui causaient ainsi en dehors, se séparèrent, et une terreur mortelle glaça soudain tous les sens d'Espérie. Quoique ces interlocuteurs eussent parlé très-bas, elle avait cru reconnaître leurs voix, et l'idée que Frédégond avait trouvé le moyen de pénétrer, de se cacher dans l'Hermitage, vint fraper son imagination. Elle n'osa pas réveiller Sergie, qui, fatiguée, était dans son premier sommeil; mais elle se livra à mille réflexions plus effrayantes les unes que les autres, et elle attendit ainsi le petit jour, s'imaginant à tous momens qu'on allait ouvrir sa porte et la charger de chaînes. Le jour parut cependant et elle n'entendit rien que les pas de plusieurs personnes qui, déjà levées, allaient et venaient dans les escaliers.

Sergie, se réveillant alors, demanda à sa jeune maîtresse comment elle avait passé la nuit. Espérie lui fit part de ce qu'elle avait entendu et de l'effroi qui l'avait empêchée de se livrer au sommeil. Sergie, sans paraître étonnée, lui répondit froidement: cela ne vous regardait pas, mademoiselle; oh! cela ne vous regardait sûrement pas. — Et de qui parlait-on alors? — Je ne puis vous le dire; n'ayant rien entendu, moi, je ne sais pas.... — Mon ame, Sergie, ne se livrera jamais qu'avec peine à l'idée qu'on puisse me trahir; cependant il y a là dessous un mystère que l'on me cache, que vous me cachez la première. Qui étaient ces hommes? leurs voix me sont connues, très-connues, j'en suis sûre ; mais je ne puis me les rappeller. —Ecoutez, ma chère maîtresse ; vous prierez le baron, votre oncle, de vous expliquer cet évènement ; je me joindrai à vous ; j'interrogerai toute la maison, s'il le faut, et nous découvrirons peut-être... Mais quels sons mélodieux se font entendre du dehors ! c'est une musique pyrénéenne. C'est votre réveil, belle Espérie, que viennent célébrer, sous vos fenêtres, les bons habitans de la vallée : oh ! c'est cela ; voyons.

Sergie ouvre une des deux grandes croisées en ogive, qui éclairent la chambre qu'elles habitent, la première de l'aile de bâtiment à gauche de la chapelle, du côté du pont-levis ; cette chambre donne sur un parapet qui borde la Nive. Sergie voit qu'on a baissé le pont-levis sur lequel sont une troupe de bergers et de bergères, portant des fleurs et jouant de divers instrumens : le flageolet, le cor, la musette, la cornemuse, tous les instrumens des montagnes forment un concert ravissant; et des chiffres, ainsi que des devises, laissent voir que cette fête matinale est en effet destinée à chanter le réveil d'Espérie. Une pastourelle fait entendre des couplets béarnais, et le tambour de basque les met ensuite tous en danse.

Espérie s'est habillée à la hâte; elle est allée à l'entrée du pont, où elle reçoit les hommages, aussi simples que flatteurs, de ces bons Baygorriens; elle en est pénétrée jusqu'aux larmes. Voilà, lui dit Sergie, en souriant, mais d'une manière un peu forcée, voilà un commencement de journée qui ne promet que des choses agréables. Eh! laissons là les vaines terreurs ; jouissons du présent en attendant l'avenir. Quand on voit le ciel pur, faut-il s'effrayer des nuages qui doivent tôt ou tard l'obscurcir !

— *Tôt ou tard!* Sergie, ta manière de me rassurer ne fait que nourrir mes tristes pressentimens.

Les bergers se retirèrent, enchantés de la grace d'Espérie, et notre aimable héroïne courut embrasser son oncle, chez lequel on lui dit qu'il faisait jour.

La nuit qu'elle avait passée sans dormir, jointe à son reste de faiblesse, tout avait altéré ses traits. Roland s'en aperçut et lui en demanda la cause. Elle lui raconta alors qu'elle avait eu ce qu'elle appella elle-même une *sotte frayeur*, et elle resta bien étonnée quand son oncle, au lieu de la dissuader, se contenta de dire, en haussant les épaules : les imprudens ! ils ne peuvent pas ménager cette ame timide.

Adalard était là. Roland le regarda avec des yeux où se peignait un peu de ressentiment. Adalard baissa les siens, comme s'il ressentait quelque honte. Roland reprit la parole : Ce n'est rien, mon enfant, dit-il à sa nièce. Quand ta santé sera tout à fait rétablie, je t'expliquerai ce fait, qui ne doit nullement t'alarmer pour le moment. Tu es sous la protection de ton oncle, de ses nombreux amis, tu n'as rien à craindre; encore une fois, je te répète que tu n'as rien à craindre. — Ne vous l'ai-je pas dit, mademoiselle, interrompit Sergie de l'air de quelqu'un qui se remet d'un trouble; je savais bien, moi, que ce n'était rien.

Espérie n'osa pas questionner davantage son oncle; mais elle vit, plus clairement que jamais, qu'on lui cachait un secret. Roland l'embrassa de nouveau, en lui disant : Viens maintenant, viens visiter l'intérieur de l'Hermitage ; il t'offrira, pour aujourd'hui, assez de motifs pour exciter ta sensibilité que je ne dois, mon enfant, émouvoir que par degrés.

Il prit la main d'Espérie. Adalard prit celle de Sergie, et tous quatre sortirent de l'appartement de Roland. Un perron qu'ils descendirent les conduisit dans une vaste cour entourée de salles basses des trois autres côtés, bâties par le fondateur Jacques, dans le style de celles du devant de la Nive, et qui ressemblaient exactement à l'intérieur de nos cloîtres de religieux. Ils traversèrent en face un passage qui leur fit voir
une

une plaine d'une immense étendue, et entièrement fermée par les hautes murailles qui extérieurement étaient bordées par le fossé plein d'eau. Ces murailles, lui dit Roland, sont, comme je te l'ai déjà expliqué, l'ouvrage des Maures, et tu vois que d'ici on soutiendrait un siége dans toutes les règles, puisque le tout forme une espèce de fort, inattaquable par ses murs et le fossé qui les entoure. En avançant toujours, tu vois, au milieu de cette espèce de plaine, un large bassin rond, creux et sans eau. C'était dans ce trou que s'élevaient les bâtimens qu'occupait le brigand Guérillas et ses complices. Le fondateur Jacques, après avoir abattu ces cavernes, a fait du trou, où elles étaient situées, un vaste cirque, ou amphithéâtre, orné de gradins circulaires, à la manière des Romains, et dans lequel il rassemblait ses nombreux hermites pour tenir chapitre ou conseil. Nous y rassemblons, nous, nos chevaliers, quand il le faut, et c'est là aussi que nous tenons grand conseil à notre tour. Dans le fond de ce cirque est un escalier en pierres, qui descend à un souterrain, dont nous avons fait un arsenal ; c'est là que sont déposés nos armes, nos poudres et tous nos attirails de guerre.

Espérie, voyant, de loin, beaucoup de monde rassemblé dans le cirque, dit à Roland : Tenez-vous conseil, en ce moment, mon oncle ? Je vois là une quantité de vos chevaliers qui..... — Tous nos frères d'armes qui logent à l'Hermitage sont en effet réunis là, Espérie ; mais ce n'est point pour y tenir conseil. Ils s'y sont rendus pour une cérémonie funèbre, à laquelle tu vas prendre part aussi, mon enfant. — Moi ? — Oui, approche, mon Espérie, et, si tu sens tes genoux fléchir, jette-toi dans dans les bras de ton oncle.

Espérie avance, descend dans le cirque, où tous les chevaliers la saluent en silence, et se reculent pour former cercle autour d'un mausolée en marbre noir, qui s'élève au centre même de cet amphithéâtre. Espérie tremble, s'approche et frémit en voyant sur le tombeau les armes de sa maison. Qui donc repose là, demande-t-elle à son oncle ?

Roland lui répond : peux-tu le demander ? la nature ne te dit-elle pas que cette tombe renferme les restes inanimés de ton malheureux père ? — Mon père !

Espérie se jette sur le tombeau, qu'elle couvre de larmes et de baisers, en s'écriant : quoi mon père ! je suis si près de vous ! ô le meilleur des pères, vous êtes là ! votre fille a le bonheur d'arroser de ses pleurs vos restes si précieux ! ô mon Dieu ! le juste n'est donc pas devenu la proie des vautours, et la religion des tombeaux a pu lui élever ce monument ; mon oncle ? qui a donc opéré ce miracle ? — Qui, ma nièce, lui répond Roland très-ému ? eh, ne le devines-tu pas ; ce sont nos chevaliers ! — Je ne comprends pas.... — Ecoute et appelle ta mémoire à ton secours. Adalard, sorti de sa prison, et cherchant tous les moyens de vous sauver tous les trois, s'il était possible, à la tour de Cahors, rencontra, dans cette ville, plusieurs de nos chevaliers qui y étoient déguisés en hermites. Il cherchait à les réunir en un nombre assez fort pour faire un coup de main ; mais il n'en eut pas le temps ; la sédition éclata rapidement, au moment où il y pensait le moins ; voyant alors les ligueurs armés se précipiter dans la tour, il plaça de ses affidés dans les clochers des églises, espérant qu'ils auraient le temps d'en sonner les cloches, de faire naître une espèce de prodige capable de terrifier les assassins avant qu'ils pussent commettre leur crime. Pour lui, il entra, accompagné de sept chevaliers, intrépides comme lui, avec la foule qui inondait les issues, les escaliers et les chambres de la prison. Le comte Aldouin fut alors assassiné, malgré lui et presque sous ses yeux !... Voyant soudain fuir tout le monde, frappé de terreur au son des cloches, Adalard et ses compagnons se couvrirent de longs voiles noirs, dont ils s'étaient munis, et enlevèrent ainsi, aux yeux de ta mère et aux tiens, le cadavre du comte, en chantant des hymnes funèbres.

Adalard, interrompant Roland, dit à Espérie : vous rappelez-vous cette circonstance, mademoiselle de Hautefère ? — Comme d'hier, hélas ! ma mère et moi, nous vous criâmes en vain de nous laisser ces précieuses dépouilles. Pourquoi, Adalard, ne vous êtes-vous pas fait connaître ? — Pourquoi ? vos cris, vos prières nous auraient perdus. Avions-nous le temps d'ailleurs d'entrer avec vous dans une explication, inutile au moins, à coup sûr dangereuse. N'ayant pu sauver le comte Aldouin, nous ne voulûmes pas abandonner son corps percé de coups, au pouvoir d'un monstre tel qu'Antoine, qui l'aurait laissé couvrir d'opprobre par la populace effrénée. Nous n'eûmes réellement que le temps nécessaire pour l'emporter, dans le peu de minutes que toutes les portes de la tour restèrent ouvertes. A peine en étions-nous sortis que les sbirres y rentrèrent et fermèrent tout de nouveau... Quand je vous disais, mademoiselle de Hautefère, le lendemain de votre fuite de la tour, que je vous avais vues, votre mère et vous, dans cette tour, et sans que vous m'y reconnussiez! — Mais, Adalard, que fîtes-vous après cela du corps inanimé de mon père, si cruellement assassiné. — Dans la cour même, isolée alors, et avant d'en sortir, un porte-faix, tout couvert de farine, et qui nous était dévoué, plaça le cadavre dans son sac, le mit sur ses épaules, et traversant ainsi la foule immense qui se pressait dans la rue, il parvint de cette manière à le sortir

de la ville. Là, il le remit religieusement à votre aïeul Geoffroy de Rançon et à votre cousin Hunold qui le firent transporter ensuite jusqu'à cet Hermitage, où il fut inhumé avec les cérémonies pieuses et les honneurs dus à son rang. —Comment le méchant Antoine et les siens ne s'aperçurent-ils pas de cet heureux enlèvement ?—Par une raison bien simple. En commandant, ou en permettant, aux chefs de la populace (car il y a toujours des meneurs dans toutes les émeutes populaires), le massacre de la tour, il avait exigé que tous les corps des malheureux prisonniers égorgés fussent brûlés, sur-le-champ, dans la place publique. Dès l'instant que les furieux furent rentrés dans les prisons, ils s'y dispersèrent pour en arracher les cadavres de chaque chambre. Ainsi, ceux qui
seront

seront retournés chez vous, voyant que le comté Aldouin n'y était plus, se seront persuadés que leurs camarades étaient déjà venus l'enlever. Dans leur désordre, une victime de plus ou de moins a bien pu échapper sans qu'ils s'en aperçussent. Il n'en est pas moins vrai que, traînés, insultés par la populace, ces corps défigurés, méconnaissables, ont tous été jetés soudain dans un grand feu, dont les premières flammes nous éclairaient lorsque nous étions encore occupés à percer la foule sur la grande place. Nous entendions bien les furieux chercher, s'écrier : *Aldouin ? où est le corps du traître Aldouin ?...* Mais nous l'emportions, nous, tandis que la canaille, arrachant jusqu'aux derniers vêtemens de ses victimes, empêchait de plus en plus qu'on pût les reconnaître... Ils auront

cru avoir brûlé le comte avec les autres ; car jamais, depuis, ils n'ont élevé de doute sur ce fait... Ainsi, intéressante Espérie, vous demandiez ce que faisaient votre oncle, votre cousin, qui paraissaient vous oublier ? Voilà déjà une de leurs saintes occupations ; vous en apprendrez bientôt d'autres, non moins importantes, auxquelles ils ont dû se livrer, les dangers imminens du moment ne leur permettant pas de vous être plus efficacement utiles d'une autre manière. »
Espérie, éclairée par ces détails d'un événement vraisemblable, quoique très-extraordinaire, ne songea plus qu'à prier l'Eternel pour le repos de l'ame de son père. Prières inutiles ; car ce juste devait être dans le sein de Dieu, au rang des saints et des martyrs. Il fallut l'arracher du tombeau, sur lequel elle serait restée collée.

Alors, tous les chevaliers, après avoir honoré les cendres d'Aldouin de plusieurs décharges de mousqueterie, renouvelèrent, à haute voix, le serment de venger ses mânes, et de se dévouer plus que jamais, au grand roi, pour la cause duquel le frère de leur vaillant commandant avait perdu la vie!

Espérie ne s'éloigna de ce lieu de tristesse qu'avec regret, et cédant enfin aux pressantes sollicitations de son oncle; mais elle se promit de venir, tous les matins, tant qu'elle habiterait l'hermitage, rendre ses premiers devoirs à son infortuné père, au pied du cercueil qui renfermait ses reliques sacrées.

Comme elle revenait vers la chapelle, avec Roland, Geoffroy de Rançon, Hunold et Adalard, elle fut soudain frappée d'une réflexion qu'elle s'étonna de n'avoir pas faite plutôt. Il est vrai que, saisie de la nouveauté du tableau qu'on offrait à ses regards, ce triste tableau avait absorbé, pour le moment, toutes ses pensées. Revenant donc à un autre objet, qui lui était non moins cher, elle dit, en route, à Roland : Eh, mon Dieu, mon oncle, j'y pense ! ma mère, qu'est-elle devenue ? Est-ce que vous n'avez pas pu vous procurer, de même, ses restes précieux ? — Nous les possédons aussi dans cet hermitage, lui répondit tristement Roland ; ils sont ici, mon enfant !... Dans un autre moment, on te.... on te les montrera. — Oh ! mon oncle, à l'instant même, si vous daignez le permettre ? — Ma nièce, vous êtes déjà trop douloureusement affectée.... Votre santé pourrait.... Et moi-même, je ne me sens pas assez de force pour contempler, sans en mourir de douleur, deux pareils spectacles, le même jour. Attendez mes ordres, Espérie ; ils arriveront assez tôt pour briser de nouveau votre ame sensible !

Espérie n'osa rien répliquer. Elle entra, avec ses conducteurs, dans le réfectoire commun, où le repas du matin réunissait tous les chevaliers, ainsi que leurs épouses et leurs familles. On la pria de présider la table des dames, ce qu'elle fit avec cette grace qui lui était particulière. Elle soutint de même, avec esprit et une candeur mêlée d'une sorte de dignité, la conversation, qui roula, presqu'entièrement, sur ses charmes, ses vertus, et sur-tout sur ses malheurs. Elle fit preuve d'une force d'ame, d'une résignation au-dessus de son âge, et l'on convint unanimement qu'elle avait hérité de toutes les qualités si précieuses que réunissaient les malheureux auteurs de ses jours.

Si jamais, s'écria une dame de la Touraille, qui avait épousé le fils du vieux Hatton, chevalier, là comme son père si jamais cette jeune personne, dont j'ai l'honneur d'être parente, a le bonheur de recouvrer ses grands biens, son héritage ; si jamais on lui rend le pouvoir de commander à des vassaux, à des hommes, elle se fera adorer de tous ceux qui l'approcheront. Ses traits si doux, qui retracent tous ceux de sa mère, préviendront d'abord en sa faveur; puis sa bonté, son indulgence, son humanité, sa justice et sa piété, lui gagneront tous les cœurs. On dira d'elle : « *Belle, sans paraître le savoir, bonne sans faiblesse, affable, compatissante, protectrice des malheureux, elle ne s'est point vengée des* assassins de son père, de sa mère, ni des maux sans nombre qu'elle-même a soufferts; elle a, au contraire, pardonné à ses lâches ennemis, appelé à elle, remercié, récompensé ceux qui lui avaient témoigné le plus faible intérêt dans le cours de ses malheurs. Elle n'a oublié personne; mère des indigens, modèle de piété, de douceur et de clémence, LA FILLE DES SAINTS, après avoir long-temps fait la consolation de la terre, montera au Ciel, en laissant au monde, édifié par elle, le souvenir inaltérable de son nom et de ses vertus ! » Voilà ce qu'on dira d'elle, et ce qui sera ratifié par la postérité !

Espérie reçut ces justes éloges avec une modestie rare et dont chacun fut enchanté de nouveau. Comme elle connaissait déjà en partie les noms des dames qui l'entouraient, elle sut dire, à chacune d'elles, de ces choses simples, mais locales, obligeantes et qui prouvent qu'un esprit facile, un jugement sain et un cœur droit, savent varier leurs discours. Elle se taisait quand on citait ses perfections, et savait toujours ramener la conversation sur les qualités physiques ou morales, de la dame qui lui parlait. C'était, en un mot, une personne toute accomplie et dont on désespérait de jamais revoir le modèle sur la terre (1).

Roland de Mortagne avait besoin de s'enfermer avec les chefs, les notables de l'Hermitage, et de donner

---

(1) Si la nature est avare de ses chefs-d'œuvres, elle en crée néanmoins de loin en loin pour l'admiration du monde. N'avons-nous pas le bonheur de posséder Madame LA DUCHESSE D'ANGOULÊME, dont cette vertueuse *Espérie* n'est qu'une esquisse des plus légères.

des ordres. Il engagea sir Hunold, son fils, à faire, avec Espérie et Sergie, une promenade au-dehors de l'Hermitage, afin d'en étudier les sites variés, ou plutôt, au fond, dans le dessein de procurer une entrevue aux deux amans, qui étaient séparés depuis si long-temps ! Cet excellent oncle pensait à tout, comme on le voit. Il chérissait, comme sa propre fille, la nièce de son malheureux frère, et il en était aimé, autant qu'un enfant reconnaissant peut adorer le meilleur des pères.

Le pont se leva donc pour Espérie, Hunold et Sergie. Ils sortirent par le plus beau temps possible, et, comme si la nature voulait leur sourire, les oiseaux redoublèrent leurs concerts, tandis que les fleurs, naissant, pour ainsi dire, sous leurs pas, r'ouvrirent leur calice pour les embaumer d'une plus grande quantité des parfums les plus suaves.

Ils suivirent d'abord la rive de la Nive, toute parsemée de divers aromates qui parfumaient également les airs ; puis ils s'enfoncèrent, sur leur gauche, dans des bois charmans où des sources, des cascades naturelles, répandaient une fraîcheur qui luttaient toujours avec avantage contre l'ardeur de quelques rayons du Soleil qui se faisaient un passage à travers les branches des arbres. Des bucherons étaient répandus çà et là, et ils faisaient entendre à l'envi des rondes ou des bourées béarnaises. Quel charme on goûte ici, mon cher Hunold, s'écria Espérie, enchantée d'une promenade si agréable, la première qu'elle eût faite depuis bien longtemps ! Est-il rien de plus admirable que la cime de ces montagnes, qu'on voit là bas, colorée encore des premiers nuages du matin qui en dérobent une partie à la vue! Le Soleil chasse peu à peu ces nuages, et à la faveur de sa douce lumière, la terre se nuance de mille couleurs. Le monde végétal se développe ici, et toute la création paraît animée. Quelle douce paix dans le silence de ces bois, et quel charme plus grand encore d'entendre les voix de tant de créatures heureuses, qui chantent leurs plaisirs! Quels sentimens inspirent les beautés sublimes de ces contrées sauvages, et l'aspect des habitations solitaires d'hommes libres. Région heureuse des Pyrénées, vastes montagnes! Celui qui aime la paix, ne l'attend que du Ciel dont il est voisin! Que j'aime, après tant de malheurs, à la goûter dans tes retraites! Que je me plais à contempler tes vallées paisibles! Quelles jouissances n'éprouve-t-on pas sur les bords fortunés de tes lacs transparens et tranquilles ! Ciel heureux ! Le souvenir des mœurs paisibles de tes habitans m'entraînera toujours vers toi. Pays de la gaîté et du bonheur, pays toujours content de lui, toujours content des autres, de quelque côté que le sort porte mes pas, par la suite, mon cœur sera sans cesse avec toi !

Espérie, énivrée par l'odeur des bois, par les beautés sublimes des sites qui l'environnaient, s'était laissée entraîner à une sorte d'enthousiasme. Hunold, qui le partageait, laissa, à son tour, exhaler le sien en ces termes : que serait-ce, ma tendre amie, si je te conduisais à la pointe du pic le plus élevé de ces montagnes, d'où l'on découvre les deux mers et les monts de Castille, comme, du mont Hémus, dans la Thrace (Pardonne-moi ce trait d'érudition géographique), on voit, à cause de sa hauteur extraordinaire, le pont Euxin et la mer Adriatique. J'aime ces lieux, Espérie ; je connais ces contrées pour les avoir parcourues plusieurs fois en différens temps, et depuis une année surtout, que j'ai rarement quitté l'Hermitage, je suis presque devenu Béarnais, ou Basque si tu veux, moi-même dans ces contrées si délicieuses ; mais, d'après mes observations, les dégradations qu'elles éprouvent les rendront bientôt méconnaissables. Si les hommes et les mœurs ont éprouvé du changement, la terre en a subi aussi ; elle était beaucoup plus resserrée du côté de l'Aquitaine. Telle montagne s'élève ici, qui était cachée sous les eaux. Que de rivières, que de grands fleuves ont changé leurs lits et se sont fait redouter par l'inconstance de leurs cours! les sables, qu'on distingue à une grande distance de leurs canaux actuels, attestent leur ancien séjour. On sait que, partout, les fleuves ont creusé leur lit dans la partie la plus basse des vallées; qu'ils suivent, dans leurs courses, la sinuosité des collines, leurs courbures étant d'autant plus fréquentes, qu'ils sont plus ou moins près de leur embouchure. Eh bien! dans une longue suite de siècles, ces fleuves ont changé leurs lits, leurs cours, leurs formes, leur étendue! des races entières d'animaux ont disparu; la forme des montagnes a changé; elles seraient méconnaissables même aux yeux de nos anciens Gaulois. Couvertes, dans leur origine, de belles et immenses forêts, tapissées de verdure, revêtues d'une épaisse couche de terre, le roc que nous voyons en était ce qu'on appelle le tuf; des fontaines jaillissaient de leur ceinture; on en distingue à peine encore des vestiges.

« Telles étaient ces montagnes sous les Celtes... Mais leurs descendans les ont déchirées avec le fer de la charrue et la pioche du vigneron. Les pluies ont secondé la main qui les dégradait. Une raie tracée est devenu un ravin. Les sables, ouverts et suspendus, ont cédé à l'action des eaux, à la violence des orages; ils ont coulé au pied du rocher qui leur servait de soutien, et qui, au lieu d'être la charpente d'un sol productif, n'est plus qu'une masse dépouillée, aride, semblable à une vieille tour, isolée au milieu d'une plaine, et nuisible par la perte du terrain qu'elle couvre. Quand nos ancêtres, ma chère Espérie, se sont récriés d'admiration à la vue de la charrue qui s'était élevée sur les montagnes et sillonnait leurs arides sommets, ils auraient dû, au contraire, y souhaiter des arbres et des troupeaux. Par cette jouissance abusive d'un bled presque exotique, la surface de la terre s'aplatit, par degrés. Au lieu de ces pointes élevées, fecondes en bois, en pâturages, et d'où s'écoulaient les eaux qui portaient leur fertilité, il ne reste plus que de stériles rochers... Telles sont les observations pyrénéennes que j'ai souvent faites ici. Tout change dans la nature ; tout s'atère, tout se déplace, tout change encore une fois, excepté mon amour, ô ma cousine chérie, qui durera autant que ma vie. »

Le lecteur doit juger, par ces réflexions d'Hunold, que son esprit, son goût, son instruction et sa douce philosophie

philosophie le rendaient bien digne de toute l'affection d'un cœur tel que celui d'Espérie. Ces deux jeunes gens étaient faits l'un pour l'autre ; la nature les avait doués d'une égale dose de mérite et de sentimens !

Espérie, touchée de la dernière phrase de son discours, jeta naïvement ses bras autour de son col, en lui disant : ô mon Hunold, je ne changerai pas plus que toi ; nous mourrons en nous adorant... Sergie ? ma chère Sergie, suis-je donc heureuse d'être aimée à cet excès !... Mais, vois-tu cette fontaine qui murmure en envoyant le tribut de ses eaux baigner ce petit chemin émaillé de mille fleurs ? Ce monticule de gazon, élevé près d'elle, ne semble-t-il pas nous inviter à nous y reposer ? Goûtons-y, un moment encore, la fraîcheur de ce bois odorant, et jouissons, par cette percée qu'il offre devant nous au loin, de la joie pure de ces jeunes bergers et pastourelles bondissant comme leurs chevreaux, sur la plaine que broutaient ces derniers, tandis que leurs conducteurs s'y livrent à divers jeux innocens.

On voyait en effet, au bout d'une allée, de jeunes baygorriens, des deux sexes, qui folâtraient sur l'herbe, ou dansaient au son de la musette pyrénéenne. Plus près de nos amans, un autre pâtre jouait, sur le flageolet, un vireley du pays, qu'il accompagnait d'un tambour de basque. Nos amans, assis, l'écoutaient en silence et avec un vif plaisir, lorsque notre Espérie s'écria : c'est justement, Hunold, l'air chéri sur lequel tu m'avais fait ce couplet, que je n'ai pu oublier dans ma captivité ; tu sais bien :

Ma mie,
Ma douce amie.

Oh ! répondit Hunold, j'ai ajouté depuis d'autres couplets à celui-là ; car, mon Espérie, loin de tout, ici, à l'Hermitage, partout, je ne me suis occupé que de toi. Veux-tu que je te les chante ? — Dois-tu, méchant, m'en demander la permission, et ne devines-tu pas que je brûle de les connaître ? suis l'air, comme ce pâtre le joue ; il t'accompagnera ainsi, sans le savoir.

Ce fut donc de cette manière que Hunold fit entendre les couplets suivans :

Ma mie,
Ma douce amie,
Je t'aimerai toujours.
Toute ma vie,
Par toi, pour toi, n'aura que de beaux jours,
Ma mie,
Ma douce amie.

Ma mie,
Ma douce amie,

Je t'ai donné ma foi ;
C'est pour ma vie !
Je ne vivrai, ne mourrai que pour toi,
Ma mie,
Ma douce amie.

Ma mie,
Ma douce amie
Seule règne en mon cœur.
Ah ! de ma vie,
Elle fera le charme, le bonheur,
Ma mie,
Ma douce amie.

Ma mie,
Ma douce amie,
Je serai ton époux.
Oh ! de ta vie
Le cours sera toujours paisible et doux,
Ma mie,
Ma douce amie !

Ma mie,
Ma douce amie,
Tiens, j'écris ce serment :
Toute sa vie

Hunold sera ton époux, ton amant,
 Ma mie,
 Ma douce amie!

Les pensées et la poésie de cette chansonnette n'étaient, certes, pas très-recherchées ; mais Espérie n'en jugea que le sentiment.

Quel charme pour ces amans, assis au bord d'un ruisseau limpide, dans un bois frais et odorant, n'ayant pour témoins que le Ciel et une tendre amie, de se livrer ainsi aux transports d'un amour aussi pur que délicat! C'était, pour Espérie, le premier, le seul moment qu'elle eût goûté depuis son entrée dans la vie ; car, dès sa naissance, elle avait vu commencer, se propager, éclater enfin, les troubles qui devaient, par la suite, faire tant de mal à sa famille, et ses parens n'ayant jamais joui d'un moment de tranquillité, elle les avait vus, sans cesse, tour à tour, craindre, soupirer, gémir ou trembler; triste sort de jeunes gens nés au fort d'une révolution, et qui, devenus des hommes, ne songent à leur enfance que pour se rappeler qu'ils ont partagé les larmes et les terreurs de leurs parens!

Comme Espérie et son cousin goûtaient le plaisir de parler de leur innocent amour, ils virent passer devant eux un jeune Baygorrien, d'environ dix-huit ans, d'une taille, d'une figure peu communes, et vêtu très-proprement à la manière des bergers de la vallée. Ce jeune homme pleurait, et semblait supplier le ciel de mettre un terme à ses maux; il but de l'eau de la fontaine, sans remarquer qu'il y avait du monde auprès d'elle, et ses sanglots, ainsi que ses gémissemens redoublèrent. Eh quoi, dit Espérie, je ne croyais pas qu'on connût les larmes à Baygorri? — Il est bien rare, répondit Hunold, qu'on en répande ici; je pense même que voici les premières que j'y vois couler.

Le jeune Baygorrien laissa échapper cette exclamation : ô Janina! Janina! je vais donc te perdre?

Il regrette sa maîtresse, dit Hunold : oh! je me mets à sa place; il doit être bien chagrin; pour moi j'en mourrais. — Interroge-le, mon ami; il me fait autant de mal qu'à toi. — Jeune pâtre? jeune pâtre? qu'avez-vous?

Le jeune berger s'arrêta, et rougit d'être surpris dans un moment de faiblesse indigne d'un homme. Il répondit, en s'essuyant les yeux : moi, seigneur chevalier, je n'ai... un chagrin auquel personne ne peut remédier, fait couler mes larmes, il est vrai : mais...—Pourquoi pensez-vous qu'on ne puisse pas calmer, adoucir votre peine? L'homme doit-il rester étranger à la douleur qu'éprouve son semblable? veuillez nous ouvrir votre cœur, jeune homme; ces dames et moi nous vous en prions.

Il y avait quelque chose de si affable, de si doux, de si persuasif, dans cette invitation d'Hunold, que le jeune Baygorrien, s'approchant de nos amans, leur fit le récit suivant:

« Je m'appelle Paolo, et je suis un malheureux orphelin. — Un orphelin, s'écria Espérie; oh, que vous m'intéressez? continuez.

« Je fus recueilli dès mon bas âge, et nourri par les soins de Laurenzi, l'un des bergers de cette vallée. Il m'éleva comme son fils, et je grandis auprès de lui, de sa fille Janina,
l'aînée

l'aînée de ses sept enfans. Je dois vous dire, avant tout, ce que c'est que cette charmante Baygorrienne.

«Janina, chargée du ménage de son père à seize ans, réunit les charmes de la vivacité, la séduction et l'expression des plus belles Espagnoles, nos voisines. Ses yeux charmans n'ont jamais vu le faste des villes; nul objet de vanité, nulle chimère de cour, n'a jamais souillé ses innocens regards. Elle n'a pas, du moins je le crains, encore senti l'amour : mais, dans les soins qu'elle partage avec ses compagnes, son cœur décèle qu'il est fait pour aimer. Il serait facile d'éviter ses impressions, si elles naissaient toujours de la beauté. Pour être plus inévitables et plus sûrs, ses traits devaient partir d'un pouvoir plus invisible. Une attention singulière, une honnêteté de manières vraiment touchante, de l'esprit, des sentimens, se découvrent en elle, et la feraient seuls distinguer. On ne résiste pas à tant de moyens de plaire. Tous ces rapports secrets, toutes ces sympathies invincibles, que les ames froides se vantent de ne pas connaître, et dont les cœurs sensibles sont si souvent les victimes, font naître plus d'amour que la beauté, qui n'obtient guères, par elle-même, que le froid hommage de l'admiration. L'état le plus accablant pour une ame aimante, est celui d'un parfait repos. »

Vois-tu, ma cousine, interrompit Hunold; comme parle ce simple berger : ils ont tous ici cette profondeur de jugement, et cette finesse d'expressions. Continue, bon Paolo ?

Paolo, reprit : vous avez deviné sans doute, seigneur chevalier, que je suis devenu, insensiblement et sans le savoir, amoureux de Janina. Mais discret autant que délicat en amour, je n'ai pas osé encore lui peindre mes sentimens, ni la supplier de les partager. Peut-être, aujourd'hui même, enhardi par quelques regards encourageans qu'elle jette sur moi, depuis quelques jours, peut-être, dis-je, aurais-je trahi mon secret... Mais, jugez de mon malheur! ce matin même, en conduisant trois chèvres noires, appartenant à mon maître, à mon bienfaiteur, je les ai laissé aller, distrait par mon amour, trop près du penchant d'un torrent, elles y sont tombées, sans que tous mes efforts pour les en retirer, ayent pu y réussir! Le père de Janina est bon, généreux, humain; mais c'est le moins riche des habitans de la vallée; il a sept enfans, il tient à ses propriétés, et la perte de ces trois chèvres, son seul avoir, lui sera si sensible, qu'il va me chasser, me défendre de jamais remettre les pieds dans sa maison. Etant plus jeune, je lui ai déja perdu une chèvre de cette manière ; il ne me pardonnera pas cette récidive, ni mon peu de soin, et je ne reverrai plus, jamais, ma chère Janina ; ô douleur ! que faire de la vie après un pareil malheur ! — Vous croyez, Paolo, que pour cette faible perte !.... — C'est son unique bien, seigneur chevalier, avec un champ que je cultive pour lui. Je le connais : c'est un vieillard vif, emporté ; son premier mouvement sera de me chasser de chez lui, et, quand il ordonne, il faut obéir.

Les larmes du jeune Paolo recommencèrent à couler. Nos amans en furent attendris. Reste ici, chère cousine, dit Hunold à Espérie; je vais le conduire chez son maître, et tâcher d'obtenir sa grace. — Vous n'y réussirez pas, répliqua Paolo. — J'essayerai, mon ami. J'ose pourtant m'en flatter; il est certain moyen.... Sergie, veuillez tenir compagnie à mademoiselle de Hautefère; je vais revenir dans l'instant, si la chaumière de Laurenzi n'est pas trop éloignée d'ici. — Oh, répartit Paolo, elle n'est qu'à deux pas.

 Hunold et le jeune pâtre marchèrent ensemble, et arrivèrent au rustique manoir de Laurenzi, où Hunold vit en effet six jeunes enfans qui accoururent vers leur bon ami, ainsi qu'ils appelaient l'orphelin que leur père avoit élevé. Janina se présenta aussi, et Hunold vit que Paolo n'avait nullement exagéré, en vantant la douceur de ses traits et de ses manières. Elle salua d'abord l'étranger que lui amenait Paolo, et qu'elle crut venir pour réclamer l'hospitalité chez son père : puis jetant les yeux sur le jeune pâtre, elle s'écria, en changeant de couleur : qu'as-tu donc, Paolo, tu as pleuré !

Paolo n'eut pas le temps de lui répondre ; Laurenzi se présenta, et l'obligeant Hunold se hâta de lui apprendre la faute de son jeune homme, en le conjurant de la lui pardonner. Laurenzi fronça le sourcil, et répondit d'un air sévère : Voilà la seconde fois que cela lui arrive ; il ne m'en fera pas davantage ; je le renvoie.

Les sanglots du pauvre Paolo redoublèrent. Janina, au désespoir aussi, se précipita aux genoux de son père, et le conjura, les larmes aux yeux, de lui accorder la grace du coupable. Laurenzi repoussa sa fille, en lui répondant : Et comment veux-tu que je répare le tort qu'il m'a fait ? Ces trois chèvres étaient mon unique bien ; je ne comptais m'en priver que pour te les donner, pour te faire une petite dot, en te mariant. A présent, tu resteras fille, et ce sera sa faute. — Non, mon père, ce ne sera pas sa faute, et je ne resterai pas fille ; car je suis sûre qu'il m'aime assez pour m'épouser sans dot. — Qui ? — Paolo. — Paolo t'aime ? — Autant que je l'aime ; il ne me l'a jamais avoué ; mais mon cœur devinait le sien, tous deux étaient d'accord.

Qu'on juge de la joie subite qu'éprouve le pauvre Paolo !..... Mais le papa Laurenzi n'est pas aussi content. Il élève une discussion, pendant laquelle Hunold, qui voudrait la faire cesser par des offres pécuniaires, ne trouve pas le moment de placer un mot ; cette discussion n'aurait pas fini, si la porte ne se fut ouverte, et laissé voir Espérie et Sergie conduisant trois chèvres noires.

Les voilà, s'écrie Espérie, je les ai retrouvées ces trois brebis égarées. Bon Paolo, je m'empresse de vous les rendre.

Tout le monde reste étonné, Hunold surtout qui ne peut comprendre comment Espérie a été les chercher dans le torrent....... La vue de ses trois bêtes rend la papa Laurenzi beaucoup plus calme. Hunold alors l'engage à faire le bonheur des jeunes amans, et pour l'y déterminer, il dépose, sur la table du patriarche, une bourse d'or pour la dot du pauvre orphelin Paolo.

Laurenzi, touché jusqu'aux larmes, remercie Hunold en s'écriant : Oui, vous êtes un des hermites de Saint-Jacques ; je vous reconnais à présent, et de quel autre pourrait-on attendre un pareil trait !

Paolo, Janina tombent aux genoux du fils de Roland ; ils le remercient, ainsi qu'Espérie, et nos amans ne quittent leur chaumière qu'après que Laurenzi a fixé le jour du mariage de ses enfans. Ils sont reconduits par les bénédictions de ces bons Béarnais, et notre Espérie, ainsi qu'Hunold, se serrent la main, en se disant mutuellement : Oh ! qu'il est doux de faire des heureux !

Pour l'intelligence de ce qui vient de se passer, il faut savoir qu'Espérie, après qu'Hunold et Paolo l'eurent laissée à la fontaine, courut vite, avec Sergie, joindre les bergers qui dansaient au loin; elle trouva à leur tête le doyen Val-Carlos, qu'elle connaissait bien. Digne Baygorrien, lui dit-elle, veuillez me céder trois chèvres noires. — Mademoiselle de Hautefère ignore sans doute que nous ne vendons ni ne détaillons nos troupeaux. Il le faut, bon Val-Carlos; cédez à ma vive prière; j'en ai le plus grand besoin; je ne vous quitte pas que vous ne m'ayez accordé cette faveur!

Val-Carlos, qui était pénétré de respect pour la nièce du prieur de l'Hermitage, dont les bienfaits se répandaient journellement sur toute sa vallée, le respectable Val-Carlos céda aux instances d'Espérie, et cette jeune personne courut sur-le-champ à la chaumière de Laurenzi, où elle avait vu entrer son cher Hunold…… Mais Hunold lui-même ne sçut point comment elle s'était procuré ces trois chèvres. Elle lui dit d'abord, en riant, qu'elle les avait trouvées sortant du torrent voisin de la fontaine; puis, ne pouvant soutenir le plus léger mensonge, quelque innocent qu'il fût, elle lui ferma la bouche, en lui disant que c'était son secret. Sergie reçut d'elle l'ordre positif de le garder aussi, en sorte que Hunold, qui devina la vérité, n'en admira pas moins la délicatesse et la modestie de la femme admirable qu'il brûlait plus que jamais d'obtenir pour épouse. Hélas! se dit-il, notre hymen n'est pas aussi facile à terminer que celui de ce charmant couple baygorrien, qu'un peu de mon or vient de rendre si heureux!

Nos amans quittèrent à regret cette vallée délicieuse, où ils avaient eu le double avantage de jouir des beautés de la nature et d'unir un couple aussi pur qu'intéressant. Ils revinrent par un autre chemin plus agréable encore que celui qu'ils avaient pris en premier, et notre Espérie, qui venait de passer des momens si doux, ne rentra à l'Hermitage que le cœur serré, en pensant qu'elle y avait vu, qu'elle y verrait toujours le tombeau de son père.

Sir Roland de Mortagne l'interrogea affectueusement sur sa promenade et parut charmé que sa nièce chérie eut, après tant de chagrins, goûté enfin quelques instans de paix et de bonheur.

Dans l'après-midi, Espérie vit partir les trente chevaliers que Roland avait désignés pour aller trouver, à Paris, le prévôt des marchands Langlois. Roland avait choisi, sinon les plus dévoués, tous l'étaient également, mais les plus adroits, les plus capables de remplir secrètement une mission diplomatique.

Après leur départ, Roland tint un conseil, auquel assistèrent, suivant l'usage, les dames, épouses des chevaliers, et par conséquent Espérie et Sergie. Il commença par lire à haute voix tous les papiers qui prouvaient la conspiration ourdie par Antoine de Haut-Castel contre le duc de Mayenne; puis, il ajouta : Mon intention, messieurs, est d'aller, moi-même, porter ces papiers au dernier des Guises, et de lui signaler enfin le traître qui désole ces provinces; ensuite je me rendrai à l'armée de Henri IV, et je vous y appellerai tous, dès que je trouverai le moment favorable pour vous faire traverser sans danger les chemins qui mènent jusqu'à lui. Tel est mon projet ; mais, quoique je sois votre chef, je ne veux point l'effectuer sans vous demander vos avis. Donnez-les moi, messieurs, avec votre franchise accoutumée, et je les suivrai, si, comme j'ai lieu de le penser, ils sont dictés par la prudence, la raison, et l'amour du monarque à qui nous avons dévoué nos cœurs, nos bras et notre existence. Parlez, je vous écoute.

Le premier qui prit la parole fut le vieux Hatton de la Touraille : mon neveu, dit-il, vous donnez à chaque instant de nouvelles preuves de votre zèle et de votre courage ; mais ce courage, que admirons de plus en plus en vous, est-il bien placé ici ? Est-il nécessaire que vous vous exposiez, vous qui nous êtes si utile, en allant démasquer un traître à un autre traître ? Qui sait si Mayenne vous croira ? Il vous croira, je vois à votre signe d'impatience que vous en êtes persuadé, et je le veux bien ; alors quelle reconnaissance en attendez-vous ? Pensez-vous que même il vous remerciera, vous connu pour être un des plus chauds amis de celui qu'il persécute ? Que fera-t-il donc ? Il punira Antoine, et vous n'aurez fait qu'exercer un acte petit et bas d'une vengeance indigne de vous. Eh ! s'il s'aveuglait au point de ne pas ajouter foi à votre rapport, à ces écrits ! Vous seriez en sa puissance ; il pourrait vous perdre, et il nous priverait, ainsi que l'armée, d'un de ses plus vaillans guerriers. Mon avis est donc, si vous persistez à envoyer ces papiers à Mayenne, qu'on en charge un autre que vous.

Et, pourquoi les envoyer, s'écrie le comte Geoffroy de Rançon ? quelle nécessité y a-t-il à instruire Mayenne de la conspiration de son digne lieutenant? A votre place, messieurs, je laisserais aller le cours des événemens, qu'Antoine réussisse; qu'il se défasse de Mayenne, qu'il prenne sa place, qu'est-ce que cela nous fait? Des traîtres s'entrégorgent, eh bien, tant mieux pour les honnêtes gens! ces conspirations entre méchans du même bord nous vengent; je dirai plus, elles nous servent. Mayenne est notre ennemi, celui de notre roi; en laissant agir Antoine, il nous en débarrasse; il prive la ligue d'un appui bien ferme pour elle; et qui met-il à sa place, en supposant qu'il réussisse?.... Lui, Antoine! un hobereau de province, un petit gentillâtre, qui n'est ni d'une naissance, ni d'un rang, ni d'un nom, ni d'un talent enfin comparables à ceux du

frère

frère des Guises ! La faction des Seize le reconnaîtra-t-elle ? les ligueurs auront-ils en lui la même confiance qu'ils avaient vouée à Mayenne. A-t-il un poids assez fort pour balancer celui du *lieutenant-général actuel de l'état et couronne de France ?* ose-t-il se flatter qu'on lui accorde ce titre, qui représente, en ce moment, celui d'un potentat ? Non ! Antoine et la poignée de factieux qui le seconde, ne commettront qu'un crime inutile pour eux, pour nous très-important. Qu'Antoine donc assassine Mayenne, s'il le peut, le feu se met dans le parti de la ligue ; c'est une nouvelle guerre civile au milieu d'une ancienne guerre civile ; les ennemis du roi se déchireront entre eux, et cela ne peut devenir que très-favorable à sa cause. Ainsi, moi, je propose qu'on garde ces papiers sans en faire, quant à présent, le moindre usage.

Alain de Taillebourg se lève et dit : je suis entièrement de l'avis du comte de Rançon. Je pense, non seulement, qu'il n'est pas nécessaire que Roland, ni personne aille éclairer Mayenne sur les dangers qu'il court, et que nous n'avons pas suscités ; mais je crois encore que le départ de notre vaillant chef pour l'armée de Henri, est trop précipité. Qu'ira-t-il lui dire ? Sire, je viens vous offrir l'épée du paladin Roland, et mon bras pour s'en servir à vous défendre : j'ai encore mille à quinze cents guerriers à conduire, sur vos pas, à la victoire. Voilà tout ce que le baron de Mortagne pourra lui dire. Au lieu que si nous avions trouvé et ce trésor et cette fameuse liste de vingt mille hommes, que possédait le malheureux Aldouin, ce serait un cadeau plus grand, plus utile à faire, en ce moment, à notre grand roi ! occupons-nous plutôt de cette recherche, et ne négligeons ni soins, ni temps, ni persévérance, pour découvrir enfin le lieu où Aldouin a pu cacher ces précieux renseignemens. Que Roland nous reste surtout, et qu'il nous aide de ses lumières dans cette recherche, la tâche la plus pressante, la plus importante que nous ayons, avant tout, à remplir !

Cette opinion fut celle de tous les chevaliers, qui se levèrent ensemble, en conjurant Roland d'abandonner les factieux à leur propre fureur, et de rester parmi eux, jusqu'à ce que la liste et le trésor fussent trouvés.

L'un d'eux, le vieux Vauquelin de la Fresnaye, ajouta : engageons seulement notre illustre chef, à écrire à Sa Majesté le roi Henri, pour lui faire part de la conspiration d'Antoine, pour lui demander son avis à ce sujet, pour l'assurer enfin que, si nous ne trouvons pas la liste et le trésor d'ici à quinze jours, nous n'en volerons pas moins à son aide, quelque peu nombreuse que soit notre petite troupe.

Cet avis fut adopté, et Roland promit d'agir ainsi que le lui prescrivaient ses braves camarades.

Espérie, en rentrant chez elle, le soir, avec Sergie, ressentit dans tout son être un calme qu'elle n'avait pas encore éprouvé. Mon amie, dit-elle à sa compagne, bien loin d'être attristée du voisinage du tombeau de mon père, j'en ressens une sorte de joie; je me dis: Il est là, près de moi; sa cendre n'a pas été outragée !.... Cette idée me console et rafraîchit mon sang, au point que j'espère passer une bonne nuit. Si j'étais aussi sûre qu'on eût respecté les restes de ma pauvre mère !..... Je ne veux pas y penser ; mon oncle m'en fait un mystère ; il a ses raisons que je dois approuver, sans chercher à les pénétrer. Le temps d'ailleurs me dévoilera ce secret.... Pour le moment, je ne puis que me rappeler ma promenade si agréable avec mon cousin Hunold. J'ai encore devant les yeux, ces bois, ces lacs, ces fontaines, ces points de vue au loin, et la chaumière de Laurenzi, où nous avons fait deux heureux. Vois-tu, Sergie, je parie que j'aurai encore, cette nuit, tous ces charmans tableaux devant les yeux. — Eh bien ! tant mieux, mademoiselle ; il est agréable de se retrouver encore une fois dans ces lieux enchanteurs. — Oh ! je vais bien dormir ; j'ai été si heureuse aujourd'hui !

Espérie se met au lit dans ce doux espoir, et en effet, elle s'endort soudain très-profondément...... Mais, juste ciel ! qu'est-ce qui la réveille en sursaut ! Des cris affreux frappent son oreille, et ils semblent partir d'une pièce très-voisine de sa chambre à coucher. Ces cris redoublent, et notre Espérie, levée sur son séant, sent une sueur froide glacer ses membres et ses cheveux se dresser sur sa tête. Sergie, dit-elle d'une voix étouffée par l'effroi, Sergie, entends-tu ? qui peut souffrir ainsi, ô mon Dieu ! Sergie, tu ne me réponds pas ?

J'entends bien, répond Sergie, je n'entends que trop ! — Paix ? écoutons ?

Il semble que plusieurs voix parlent à l'individu qui crie ainsi ; on le menace, ou on le console, on ne peut deviner lequel des deux. Peu à peu les cris cessent ; mais il laisse toujours échapper des sanglots, des gémissemens sourds. Une voix fait entendre ces mots : *Fermez donc cette porte ? si mademoiselle Espérie ne dormait pas !* — Espérie, s'écrie de nouveau l'être infortuné qui gémissait, *où est-elle ? où est-elle ?* — Grand Dieu ! s'écrie à son tour Espérie !.... Sergie, se pourrait-il ?..... c'est la voix de ma mère !.... »

ÉPILOGUE.

Cette scène, que j'avais prévue de loin, en ma qualité de romancier habitué à ces sortes de surprises, m'intéressait néanmoins vivement. J'aurais bien désiré en connaître la suite et le résultat ; mais il me fallut quitter, malgré moi, ma lecture. Tout le monde courait autour de nous et se précipitait vers la terrasse et le château des Tuileries, en jetant des cris de joie. Qu'arrive-t-il donc, demandai-je au possesseur du manuscrit ! où court-on si précipitamment ? — Je vois ce que c'est, répondit-il, c'est que le Roi va passer sur cette terrasse, à gauche, pour aller à la messe. — Le Roi ! je l'ai vu, dans ma jeunesse, du temps qu'il n'était que comte de Provence ; j'eus encore l'honneur d'approcher de son auguste personne, quand il devint Monsieur, frère de Louis XVI ; mais depuis, je n'ai pu que l'apercevoir, le trois de ce mois, quand il passa devant la statue de Henri IV, sur le Pont-Neuf, où j'étais debout. Si je pouvais le revoir !... — Cela vous est facile, rendez-moi mon manuscrit, et courons là bas comme les autres.

En deux minutes, nous fûmes sur la terrasse, où nous eûmes le bonheur de voir le meilleur des Rois traverser la galerie du haut, suivi de sa vertueuse nièce. Tous deux eurent la bonté de s'arrêter, de saluer le public, et les dix mille personnes, qui nous entouraient, répondirent à ce bonjour affable d'un père à ses enfans, par les cris unanimes et répétés de

VIVE

vive le Roi! vive Madame! vivent les Bourbons!... Eh oui, m'écriai-je à mon tour, les yeux humides de larmes, vivent à jamais ces vertueux Bourbons qui ne reviennent qu'avec le pardon, l'oubli des injures, et l'unique intention de faire le bonheur des Français! Comme la bonté brille sur tous les traits de cet excellent Roi! Quelle noblesse, et en même temps quelle grace touchante sur ceux de cette illustre fille des Saints, où l'on remarque encore, avec attendrissement, une teinte trop naturelle de tristesse et de regrets! Quel juste enthousiasme enfin s'est emparé de cette foule de curieux, avides de contempler les augustes visages de ses princes légitimes! O vaste palais de nos Rois! tu n'as jamais retenti de cris si touchans, de vœux si sincères! ceux-ci partent du cœur et répondent au cœur du fils de saint Louis que tu as maintenant le bonheur de posséder dans ton sein!

Nos larmes coulaient; nos cœurs se serraient de l'excès de notre sensibilité. Nous ne pûmes que nous dire réciproquement, en nous séparant: à demain, monsieur, à demain!

SIXIÈME MATINÉE.

Après les politesses d'usage; c'est-à-dire, après ces lieux communs, qu'on se dit souvent sans y prendre le moindre intérêt; *Bonjour, monsieur. — J'ai l'honneur de vous saluer. — Comment vous portez-vous, ce matin ? — Tout doucement. — Qu'est-ce que vous avez donc ? — Pas grand'chose.—J'en suis charmé,* etc., etc. Nous nous plaçâmes, mon vieillard et moi, sur notre banc favori, et j'y repris, en ces termes, la lecture de son manuscrit.

> Que fais-tu, vieillard ailé, que je vois armé d'une faulx ? que fais-tu là, à la faible clarté de l'astre argenté de la nuit ? — Je creuse ta dernière demeure. — Faut-il donc un si vaste espace pour recevoir ma froide dépouille ? — Crois-tu tomber seul dans l'empire de la mort ? Je viens d'envoyer la famine et la guerre ravager ta génération. Ce gouffre sera bientôt comblé. — Barbare! qui arrêtera ces torrens de sang qui vont

couler? — Un roi bon, juste, magnanime et bienfaisant. Vous le connaissez, aveugles humains ; hâtez-vous donc de le couronner !

Ainsi me parla le Temps, et je me réveillai.

Le soir même du tremblement de terre, qui avait si heureusement dispersé les assassins de la comtesse Isabelle, dans la plaine entre Cahors et Corjac, le bon Bartholin dit à sa femme, que la violence des coups de tonnerre avait presque renversée : Oh ! mon Dieu, Alix, qu'est-ce que c'est que cela ? Ai-je un étourdissement, ou si c'est que notre petit pavillon remue. Voilà tes tasses à café tombées par terre et brisées ! — Je ne sais pas plus que toi, mon homme, ce que c'est ; mais j'ai eu le même étourdissement, et, si je ne m'étais pas retenue au bois de notre lit, que je faisais, je crois que je me serais étendue sur le plancher. —Ma femme, c'est que la terre a tremblé. —Crois-tu mon homme ? — Tiens, vois-tu notre bouteille, notre pot à l'eau, nos assiettes, tous les débris de notre souper, renversés sur la table et prêts à tomber; je te dis que c'est un tremblement de terre. —O mon Dieu, mon homme! et si cela allait recommencer! —C'est très-possible; tenons-nous bien en tout cas. —Faut-il s'asseoir? —Oui, toi; mets-toi dans ta grande bergère et n'y bouge pas; moi, je vais me coucher par terre et me tenir après la porte vitrée; il est impossible que je tombe de cette manière!

Voilà Bartholin et sa femme, l'un couché sur le plancher, l'autre étendue dans sa bergère, et qui ne parlent, ni ne remuent, tant ils meurent de peur. Ils auraient passé la nuit dans cet état, si le bruit d'une cheminée, qui venait de tomber, n'eût tiré l'homme de son apathie : Alix, s'écria-t-il, entends-tu le château qui s'écroule?

La femme répond en tremblant et toujours sans faire un geste : oui, mon homme; nous sommes perdus!

Il se fait un grand bruit dans le château, dans les cours, dans la longue avenue qui y conduit; on va, on vient, et, malgré les torrens de pluie, plusieurs des domestiques du marquis de Treuil-Charais courent avec des flambeaux. Nos gens n'en bougent pas davantage.... Leur chien aboie, ils s'écrient : ah! tout va tomber sur nous!...

Ils sont, depuis une heure, dans cet état d'inaction, lorsque le marquis lui-même entre avec son valet-de-chambre, et dit : comment Bartholin, vous restez comme cela, immobile, au milieu de ce désordre de la nature! — Le château est-il à bas, monseigneur? — Et non, imbécille, il est debout; il n'en est tombé qu'une cheminée et quelques tuiles; je vous croyais morts tous les deux, en ne vous entendant ni marcher, ni parler. Montez, Bartholin, et que tout le monde se mette à relever les divers objets que ce tremblement de terre a fait tomber, ou briser dans mes appartemens.

Bartholin va aider les domestiques; ils passent les trois quarts de la nuit à réparer le dégât intérieur; puis, le danger ayant cessé, tout le monde va se coucher. Bartholin redescend donc et trouve sa femme dans la même immobilité où il l'a laissée. Ah! c'est trop fort, ma chère amie, dit il, il est permis d'avoir peur un moment; mais huit heures d'horloge! le jour se lève; tout le monde va se mettre au lit; faisons-en autant; je suis d'une lassitude!...

Alix enfin remue les bras, se lève; elle va prendre le parti de se coucher; mais on frappe doucement à la petite porte qui est à côté de la grille d'honneur du château. Qui peut venir à cette heure, dit Bartholin? —Vois, mon homme; c'est peut-être quelque domestique, que l'orage aura empêché de rentrer, hier soir. —Bah! ils sont tous là haut, et dans leurs lits, je t'assure, où ils ronflent déjà.... On frappe encore et si doucement qu'on dirait qu'il y a du mystère. —Oui? Oh bien! j'ai peur. —Je n'ai pas peur, moi, et je vais ouvrir.

Bartholin ouvre; il voit huit à dix hommes, conduisant trois chevaux enharnachés d'une manière bizarre, et qui portent une espèce de paquet énorme. Ces hommes sont crottés, si trempés d'eau, si mal habillés que le bon Bartholin, effrayé, est tenté de leur rejeter la porte sur le nez. Qui êtes-vous, dit-il, que demandez-vous ? — Parlez plus bas, dit l'un de ces étrangers ?.... Ne me reconnais-tu pas, Bartholin ? je suis Landry. — Eh oui ! c'est toi, c'est Landry.... Mais dans cet équipage, en chemise, et percé jusqu'aux os ! qui diable t'aurait reconnu ? — Parle donc bas encore une fois ? Mes camarades et moi, nous venons demander l'hospitalité à ton maître ? n'est-ce pas toujours le seigneur de Vergy ? — Bah ! le seigneur de Vergy, il y a longtemps qu'il est mort, ma foi. Ce château appartient, depuis onze ans, à sir Pontard, marquis de Treuil-Charais. J'en suis resté le concierge et ma femme aussi. — Quel est ce sir

Pontard? — Un protestant des plus probes. — Oh, tant mieux ! — Mais, en même temps l'ennemi le plus juré des catholiques, de quelque parti qu'ils soient. — Tant pis ! Quoi ? nous catholiques, mais amis du bon Henri, il... — Il ne vous ferait pas donner un verre d'eau, quoiqu'il soit comme vous l'ami de Henri. Que veux-tu, Landry, la différence des religions ! Il prétend qu'un catholique ne peut pas être sincère dans son prétendu attachement à un roi protestant. — Quelle erreur !... Mais, toi, Bartholin, es-tu toujours le même ? — Toujours prêt à obliger mes amis, surtout quand ils sont de zélés royalistes. — Comme nous le sommes tous. Ah ça, permets-nous d'entrer chez toi, Bartholin ? — Volontiers ; mais tant de monde !... Au surplus vous n'y resterez pas long-temps, quoique le petit pavillon que j'habite tienne à cette grille, et soit par conséquent éloigné du château qui est au fond de cette longue avenue, que tu vois. Je sais bien qu'on n'y pourra pas entendre ce que nous dirons; mais si l'on me voyait introduire chez moi tant d'étrangers, je serais grondé d'une pareille imprudence. Cependant je te connais pour un honnête garçon; tu me réponds de ces messieurs... — Comme de moi-même. — Entrez donc, mes amis; mais laissez vos chevaux dehors; car vous allez repartir tout de suite.

Bartholin fait entrer dans sa salle basse Landry, accompagné seulement d'Hunold, et de deux autres de ses camarades. La bonne mère Alix s'écrie: eh! c'est notre cher compère, c'est Landry? — Oui dame Alix, répond celui-ci. C'est moi qui ai tenu votre garçon, il y a bien long-temps. — Dame, il y a dix-neuf ans; et notre pauvre enfant est mort (*elle pleure*), il a été tué à l'armée et tout près du bon roi Henri. — Je sais cela.

Bartholin reprend la parole et dit : voyons, Landry, dis-nous donc à la fin ce qui t'amène ici, si tard, ou sitôt; et dans cet accoutrement. Est-ce que tu aurais eu la cruauté d'aller voir, hier au soir, assassiner cette innocente comtesse de Hautefère, dans la plaine de Corjac, et que l'orage t'ayant pris, tu !... — Oui !... Oui, Bartholin (*il soupire*), oui, j'ai été voir immoler cette victime : j'y étais, nous y étions tous. — Comment as-tu eu ce front là? est-ce que tu n'es plus attaché à la maison de Hautefère? — Si. Oh, j'y suis attaché !... Plus que jamais.... Tu as donc plaint la comtesse ? — Moi !

J'aurais donné ma vie pour la sauver. Est-ce que je n'ai pas été au service du vieux comte de Rançon, son père ? dans ma jeunesse, il est vrai ; mais je l'ai vue naître, et je te le répète, s'il avait dépendu de moi de la sauver !... — Eh bien, tu le peux ; cela dépend maintenant de toi ; elle est là. — Qui ? — La comtesse Isabelle. — La comtesse ?... — Elle est là, te dis-je. — Mais où encore ? — Si tu veux la recevoir, la cacher, on va te la montrer. — La cacher, la recevoir ! la fille de mes maîtres ! peux-tu en douter ! — Cela suffit.

Landry parle bas à ses deux compagnons, qui sortent. La bonne Alix dit à son mari : moi j'y consens avec peine, mon homme ; c'est bien imprudent ! si le seigneur notre maître s'en fâche : et il s'en fâchera ! — Eh bien, femme, sais-tu ce qu'il faut faire. Tu as des hardes ; tu l'habilleras à la paysanne comme toi, et nous dirons que c'est notre nièce, que Landry est son mari, notre neveu aussi. Ce jeune monsieur sera son frère. Ils resteront, coucheront ici, et ma foi, mon cher Landry, tes camarades iront chercher un gîte ailleurs ; car je ne pourrais pas... — Oh, ils ne resteront point eux, répond Landry. Le principal est de cacher sur-le-champ notre infortunée comtesse, et de lui prodiguer des soins ; car elle est dans un état ! difficile à décrire ! — Quel état ? — La voici, vois, contemple ce triste tableau ; je te dirai après ce qu'elle a, et comment nous avons pu l'amener jusqu'ici.

Quatre hommes apportent l'infortunée Isabelle, qui est privée de tout sentiment : madame, lui dit Bartholin, soyez la bien venue ; je me trouve trop heureux... — Que fais-tu, Bartholin, lui dit Landry ? ne vois-tu pas qu'elle ne peut, ni te voir, ni t'entendre ? Depuis hier, elle a perdu tout-à-fait connaissance, et le voyage, que nous avons été forcé de lui faire faire n'a guère été propre à la lui rendre : elle est, en un mot, sans mouvement, sans parole, et, pour ainsi dire, sans vie !... Bonne Alix, mettez-la vîte dans ce lit ? — Oui, dans mon lit, répond Alix, dans mon propre lit, l'infortunée !...

Alix se contente de desserrer les vêtemens d'Isabelle, et on la couche à l'instant toute habillée. La bonne Alix a une petite pharmacie ; elle l'épuise en prenant tous les moyens de rappeler la malheureuse comtesse à la raison. Pendant ce temps, Landry fait à Bartholin étonné, le récit suivant :

« Un certain abbé Milet, ecclésiastique respectable, quoiqu'il fût resté le confident d'Antoine et de son neveu Frédégond ; ce bon abbé Milet, dis-je, dévoué à la famille du comte Aldouin, dont il avait déploré le sort, nous avertissait, jour par jour, des projets et des sentimens du méchant seigneur de Haut-Castel. Un soir, il apprit qu'Isabelle devait être, le lendemain même, traduite à un tribunal. Sir Roland de Mortagne, son fils Hunold, que vous voyez, et moi, nous fîmes soudain un appel à nos amis les plus affidés ; mais il s'en présenta trop peu, pour seconder nos projets. Je me rendis cependant, avec douze de mes amis, dans la plaine fatale où devait se faire le sanglant sacrifice. Nous étions près de la victime, et nous n'attendions qu'un moment heureux pour nous en emparer ! Le ciel fait soudain en notre faveur, un miracle, funeste pour une foule de gens, bien heureux pour nous. La terre tremble, d'horreur, sans doute, de porter des scélérats tels qu'Antoine et les siens. Des cris d'effroi s'élèvent de toutes parts; tout le monde fuit, jusqu'aux bourreaux... Mais nous, qui n'avons pas peur, nous nous emparons de la victime, que le coup fatal allait atteindre. Elle était tombée sans sentiment, telle que vous la voyez. Notre embarras était de l'emporter dans cet état ; nous n'avions pas près de nous le brave Adalard, qui s'était attaché aux pas du seigneur Frédégond ; la pluie tombait par torrens ; nous avions déjà de l'eau jusqu'au tiers de la jambe, et les ravins nous menaçaient, de plus en plus, de nous intercepter tous les passages. Tous ces

obstacles

obstacles ne nous effrayèrent pas. Nous mîmes la comtesse sur les bras de six des nôtres, qui la portèrent en se tenant par la main sous son corps : je guidai ce cortége, et quand nous eûmes rejoint nos chevaux, que nous avions laissés en garde à un paysan de notre connaissance, à un quart de lieue après Corjac, nous construisîmes à la hâte une espèce de brancard fait avec des branches d'arbres que nous coupâmes dans une forêt : nous mîmes force paille sur ce brancard ; puis, après y avoir couché la comtesse, toujours inanimée, nous nous déshabillâmes tous en chemises, tels que tu nous vois, et nous garantîmes ce précieux dépôt avec tous nos vêtemens. Comme je découvrais sa bouche afin qu'elle pût respirer, sir Hunold, qui l'examina, s'écria : *elle est morte!* Eh bien, dis-je, hors de moi, quand elle le serait?... elle n'aura pas au moins perdu la vie sous le fer des bourreaux, et nous posséderons ses restes révérés !

« Nous attelâmes ensemble trois chevaux que nous serrâmes les uns contre les autres, de manière à les empêcher de s'écarter ; puis nous plaçâmes le brancard de la comtesse, en travers sur leurs dos, en sorte que, traînée de côté, elle devait moins souffrir du trot des trois chevaux. Cela fait, nous nous demandâmes tous où nous irions ?... Au château de Rançon, où résidait le vieux comte Geoffroy, c'était trop loin ! attendez, dis-je à mes amis, il y a à six lieues d'ici un château près de Figeac, appartenant au seigneur de Vergy, ami du comte Aldouin ; j'en connais le concierge, le bon Bartholin, qui fut autrefois mon camarade de service, dans la famille de Rançon, d'où je passai, moi, dans la maison de Hautefère, lors du mariage de cette pauvre comtesse avec l'héritier de ce nom. Allons le trouver, lui demander l'hospitalité pour cette infortunée.

» C'est ainsi, Bartholin, que nous avons fait six lieues, pendant la plus épaisse nuit, conduisant au pas nos chevaux, entourant notre précieux brancard, où l'un soutenait la tête de la comtesse, tandis qu'un autre soulevait ses pieds de l'autre côté, et cela au milieu de la pluie, des ravins, des torrens pour ainsi dire, et tous percés jusqu'aux os, puisque nous n'avions plus que nos chemises sur le dos. Nous sommes arrivés enfin, et vive Marie ! puisque nous avons réussi, il ne faut plus penser à nos peines; en voilà (*il montre le lit de la comtesse*), en voilà la récompense!... Mais, Bartholin, un verre de vin nous serait bien nécessaire, en ce moment? — En voilà, morbleu, en voilà. Buvez, mes amis, ce trait de fidélité, d'humanité, est beau, sans doute; mais j'en aurais fait tout autant à votre place... Dis-moi, Landry? le comte Geoffroy sait-il qu'Isabelle est sauvée? — Comment veux-tu qu'il le sache? pouvait-il assister à l'assassinat de sa fille? Il ignore encore tout ce que nous avons fait..... A ton tour, Bartholin, dis-moi ce qu'est devenu le sir de Vergy, au service duquel tu étais entré, comme concierge, il y a bien seize ans, je crois, et quel est le maître actuel de ce château?

Bartholin lui répond ainsi : Le sir de Vergy a péri les armes à la main, il y a onze ans, lorsque les protestans pillèrent de fond en comble la ville de Figeac, que nous avoisinons. Ce château même fut dévasté entièrement, et nous ne dûmes la vie, ma femme et moi, qu'à la générosité du sir Pontard de Treuil-Charais, qui s'en empara. Depuis ce moment, le marquis de Treuil-Charais est devenu notre maître, et nous n'avons nullement à nous en plaindre. Sir Pontard est un homme de cinquante ans, riche, bon, humain, généreux, mais l'ennemi juré, comme je te l'ai déjà dit, des catholiques, dont il ne croit aucun franc, sincère comme lui. Il forme des vœux ardens pour l'entrée de Henri dans sa capitale ; mais, comme il a une femme faible, souffrante, qu'il aime beaucoup, il a juré de ne pas l'abandonner une minute, et par conséquent il ne prend point les armes avec les protestans, ses amis, ceux de son roi. S'il savait que je reçusse ici des catholiques, il me chasserait ; oh ! je suis sûr qu'il me chasserait. Il faut donc user du déguisement dont je parlais tout à l'heure, et cela plus tôt que plus tard, avant son réveil... Mais, madame la comtesse de Hautefère est toujours évanouie ! — Elle a été comme cela, depuis hier, depuis le tremblement de terre qui lui a paru être apparemment le coup mortel qu'elle attendait : dans nos bras, en route, elle n'a pas plus bougé que vous ne le voyez. Je crois pourtant être bien sûr qu'elle n'est pas tout à fait privée de la vie.

Oh ! non, s'écrie la bonne Alix avec joie ; non, elle ne l'est pas. Grace à ce breuvage composé et dont je possède la recette, la voilà qui reprend ses sens ; elle revient tout à fait à elle. Voyez-vous comme elle nous regarde tous! je vais lui faire chauffer bien vite un bouillon.

Landry pleure de joie, en voyant qu'en effet sa maîtresse revoit la lumière du jour. Il s'écrie : Madame? oh! madame, parlez-nous? me reconnaissez-vous?

La comtesse tourne sa tête vers lui, et dit d'une voix faible, mais avec effroi : Antoine! — Non, non, ce n'est pas Antoine, ce n'est pas votre ennemi; c'est votre fidèle serviteur qui, ravi de joie, vous presse dans ses bras, sur son cœur... Elle me regarde et ne reconnaît pas son tout dévoué Landry?— Landry? Non..., non..., un nuage épais couvre mes yeux.... Où suis-je?

Elle aperçoit Alix, et s'écrie : Ma fille, te voilà! te voilà, mon Espérie!

Elle me prend, dit la bonne Alix, pour mademoiselle de Hautefère; il y a pourtant bien de la différence de mise, de figure, d'âge surtout. Elle me regarde encore....., elle va parler....

La comtesse laisse à peine entendre ces mots : Ils m'ont tuée, ils t'ont tuée aussi, puisque nous nous revoyons dans le séjour des morts. Ma fille ! je suis anéantie.

Alix lui donne une goutte d'un cordial. La comtesse veut se lever sur son séant; elle ne le peut pas; elle examine soudain avec attention tout ce qui l'entoure, et dit avec un ton plus calme : mais je n'étais pas ici. Ces torches, cette foule, je ne les vois plus..... N'étais-je pas dans une église, assistant au service divin ? Oui, l'on chantait auprès de moi.

Oui, l'on chantait d'une drôle de manière !

manière! dit Landry en poussant un profond soupir!

La comtesse continue : Qui êtes-vous, vous tous qui me regardez? n'avez-vous donc jamais vu une ombre, un spectre, errer dans un cimetière? qui m'a donc déterrée? j'étais morte. Mon Dieu! est-ce ici le séjour éternel que tu m'as assigné?... cette chambre, ce... ah! je sais! je me reconnais trop!.... voilà mon époux assassiné dans cette horrible prison, je le vois là, là! des furieux retournent encore dans son sein leur fer meurtrier.... Aldouin? cher Aldouin?...... mais ce n'est pas lui..... ôtez-moi donc ce cadavre? il me regarde avec des yeux de feu qui semblent me brûler partout!

Juste ciel! dit la bonne Alix, est-ce qu'elle aurait perdu la raison? — On la perdrait à moins, répond Hunold; mais je me plais à croire que c'est l'effet de son premier trouble, de son premier réveil; car elle semblait véritablement dormir depuis hier.

La comtesse s'adresse toujours à Alix, en lui disant: Ma fille? Espérie? tu ne viens donc pas dans mes bras? n'aimerais-tu plus ta malheureuse mère?

Hunold dit à Alix: Puisqu'elle vous prend pour sa fille, essayez de vous approcher d'elle; offrez-vous à ses embrassemens.

Alix s'approche d'Isabelle qui, l'examinant bien, la repousse légèrement de la main, en lui disant: Que voulez-vous, madame; je n'ai pas l'honneur de vous connaître.

Bon! sa raison revient, dit Alix. Isabelle continue: Etiez-vous de cette pompe funèbre? Avez-vous vu ce corps qu'on portait à son dernier asile, à la lueur de ces mille flambeaux? Eh bien! madame, c'était Aldouin; c'était le comte, mon époux. J'y étais, je crois..., non..., où donc étais-je?..... Je me souviens pourtant que la foudre m'a frappée, et que je suis morte... Il faut bien que je sois morte; car je ne me rappelle plus du tout, oh! du tout! ce que j'étais, ce que je suis..... Mais, ma fille!...... je la vois pourtant là (*elle montre un coin où il n'y a personne*); oui, la voilà... elle pleure! de quoi, ma fille, pleures-tu ainsi? Dieu m'a ouvert, cette nuit, son saint paradis; j'y ai vu ta place, la mienne....., la mienne! Non, non, elle était au milieu des bourreaux!

Voilà, dit Hunold, qu'elle commence à se rappeler... La comtesse reprend : Des bourreaux? mais non;

c'était une fête. On dansait, on chantait ; je sais bien que tout tournait autour de moi; Oui, il m'a pris des éblouissemens, des étourdissemens... Mais, Landry, tu y étais ; dis-moi donc, ce qu'on faisait là ? — Elle me reconnaît, ô bonheur ! ma chère maîtresse, ne cherchez pas, pour le moment, à vous rappeler cet événement, qui vous a rendue malade, à ce qu'il paraît ? — Oh ! malade, très-malade ! ma tête ne peut garder tout mon sang qui s'en est emparé. Il bourdonne partout, partout ; eh puis! c'est une fatigue des nerfs ; il me semble qu'ils s'alongent ou se raccourcissent, dans mon cerveau, pour me faire souffrir des maux horribles.

Landry dit tout bas à Bartholin et à Alix : Son cerveau est vide, voyez-vous. Elle est restée la journée d'hier et toute cette nuit sans prendre de nourriture.— Son bouillon est chaud, dit Alix, je vais le lui faire prendre. — Essayez. Peut-être, en reprenant un peu de force... — J'y joindrai après une cuillerée d'un vieux vin d'Alicante, dont il me reste une demi-bouteille, et que nous réservons pour quand nous sommes malades, mon homme ou moi.

La comtesse prit heureusement très-bien et le bouillon et le vin d'Alicante; puis elle dit à Landry : Dis-moi donc, Landry, quelles sont ces personnes obligeantes? Pourquoi me trouvé-je dans ce lit? Ne suis-je plus dans mon château? Où sont mon mari et ma fille? (*elle jette un cri.*) Ah!.... je me rappelle : mon mari, il est ici dessous, en prison, comme moi ; ce soir, tous les soirs, nous le verrons ; mais, Landry, dis donc à

Giron qu'il me fasse venir ma fille ?

— Elle se croit, dit Hunold, dans la tour de Cahors ; écoutons. — Est-ce ma fille que je mariais à son cousin Hunold ? A coup sûr on chantait.... j'avais une robe... blanche...

Elle regarde sa robe, qui est blanche en effet, telle qu'elle l'avait mise pour aller à son injuste supplice ; puis, paraissant frappée d'une grande et subite réflexion, elle met ses deux mains sur ses yeux, en s'écriant : O mon Dieu !

Allons, dit Landry, sa mémoire lui revient, triste et funeste présent que lui fait la Providence ! Soudain, Isabelle jette des cris affreux, en disant : Otez-moi donc ? sauvez-moi donc ? mille poignards sont levés sur mon sein !

Pour le coup, dit Alix, ces cris-là auront été entendus du château ! on

va venir, et nous sommes perdus!
— Essayez, dit Hunold, de lui ôter vite sa robe et de la revêtir d'un de vos simples déshabillés. Si l'on vient, vous direz, ainsi que l'a fort bien imaginé votre mari, que c'est votre nièce à laquelle une fièvre chaude donne le transport. Landry et moi, nous allons prendre des habits de Bartholin, et nos camarades vont se retirer dans le bois voisin, où ils m'attendront.

Aussitôt dit, aussitôt fait. Leurs amis s'éloignent avec leurs chevaux; Landry, Hunold sont revêtus d'un bon habit de paysan bien large, bien roide, et un grand feutre à trois cornes leur cache presque la figure. Quant à Isabelle, qui est retombée dans une espèce d'apathie, elle se laisse rhabiller comme on le veut, et un grand bonnet de paysanne ne lui laisse voir que les yeux et le bas de la figure.

La terreur de nos bonnes gens n'eut cependant aucune suite, pour le moment; on s'était couché au jour, dans le château, et l'on devait y dormir profondément toute la matinée.

Le peu d'alimens que la comtesse venait de prendre avait rafraîchi son sang; elle s'endormit légèrement, et cette utile fonction de la nature fit espérer à ses hôtes qu'elle se réveillerait plus tranquille, avec toute sa raison.

Au bout d'une heure seulement, elle s'éveilla, et, regardant autour d'elle, elle examina le jeune Hunold, qu'elle ne reconnut point, peut-être à cause de son déguisement. Bonnes gens, dit-elle, d'un ton doux, que faites-vous là, et comment me trouvé-je chez vous.

Alix courut à elle : madame, dit cette bonne femme, madame se sentelle mieux ? — Non ; toujours ma tête !... Elle bout, bout, comme de l'eau sur du feu. Cependant, je me reconnais ; je vois bien que je ne suis pas chez moi, ni dans ma triste prison. Qui m'en a tirée ? Et que signifiait cette grande fête, dans laquelle on chantait ? Je ne voulais pas y aller ; ma fille m'en a tant priée... Ma fille ! Espérie !... Dieu !

Elle cache de nouveau ses yeux avec ses mains. Je suis sûr, dit Hunold, qu'elle a un ressouvenir de sa condamnation, du lieu de son supplice ; mais elle n'ose pas l'avouer, par honte apparemment, ou par un tout autre motif que je ne puis deviner. Elle parle bas ; écoutons plus attentivement ?

La comtesse murmurait tout bas : la fille du comte de Rançon, la femme d'Aldouin, traînée comme une vile criminelle !

LANDRY. Voyez-vous qu'elle se rappelle bien son dernier malheur.

ISABELLE. Mais non. Landry était là ; Landry m'aurait défendue.

LANDRY. Elle m'aura vu, près d'elle, j'en suis sûr ; j'étais en effet presque à ses côtés au moment où le crime allait se consommer. Oh! elle m'aura vu.

ISABELLE. Le coup mortel m'a pourtant frappée ; j'ai bien senti la hache meurtrière ; puis que je suis tombée soudain, et que ma tête a roulé...

HUNOLD. Elle a pris le tremblement de terre pour le coup des assassins ; elle est en effet tombée et n'a plus parlé.

ISABELLE. Mais où était donc ma fille ; il me semble que je l'avais devant les yeux.

HUNOLD. Tendre mère! sa dernière pensée était pour sa fille, dans ce moment fatal ; elle la voyait sans doute. Etrangère, par l'excès de son accablement, à tout ce qui se passait autour d'elle, sa pensée lui retraçait sa fille, uniquement sa fille chérie ; elles étaient ensemble !

Isabelle. Ma fille allait-elle se marier ? ces chants, ils étaient de joie. Oh ! oui, on riait, on chantait autour de nous.

Hunold. Elle a pris pour des chants les cris d'une joie féroce que poussaient les factieux de toutes parts.

Isabelle, *haut*. Landry ? explique moi donc tout ce chaos qui s'embrouille dans ma pauvre tête ? Je te dis que je ne sais plus si j'existe.

Landry. Vous existez, ma bonne maîtresse, puisque vous me reconnaissez. Oui, je suis bien Landry, votre fidèle serviteur, prêt à mourir pour vous.

Isabelle. A mourir... mais n'ai je pas été condamnée à mourir? Oh! mon Dieu, oui, je m'en souviens à présent. Malheureuse Isabelle!

Elle pleure. Hunold en est content; j'aime mieux, dit-il, cette douleur qui s'épanche par des larmes, que ce délire sec qui prouvait la chaleur de son cerveau. Ces pleurs lui rendront sa raison.

Pourvu, dit Alix, qu'elle ne se nomme pas devant les gens de la maison, qui vont entrer ici? — Non, répond Hunold. La voilà qui se retourne vers cette cloison, et qui verse des torrens de larmes; laissons-la faire; c'est bon signe. — J'entends quelqu'un, on vient; mon Dieu, sauvez-nous?

La porte du concierge s'ouvre, et l'on voit entrer le marquis de Treuil-Charais lui-même, qui dit à Bartholin;

qu'est-ce que c'est que tous ces gens à cheval, que j'ai vu sortir d'ici, il y a une bonne heure ? Je ne dormais pas ; je m'étais levé et j'ai vu à travers mes croisées... Eh bien ! mé diras-tu qui sont ces gens-là ?—Monseigneur, c'est, c'est mes neveux que voilà, et ma nièce, qui est couchée. Ils s'en retournaient dans leur pays, avec leurs voisins et amis, lorsque ma nièce a été frappée, en route, d'une fièvre chaude, qui tient du délire. Ils me l'ont amenée et s'en sont retournés. —Est-ce que ta nièce, son mari, et tous ces gens-là ont eu la barbare curiosité d'aller voir, hier soir, cette infortunée, condamnée à une mort injuste ? Si ta nièce est sensible, il ne faut pas s'étonner du motif de sa fièvre. Mais aussi, pourquoi va t-on à de pareils spectacles ! Je n'ai jamais vu l'infortunée comtesse de Hautefère, et certes, je n'aurais pas été...

A ce nom de comtesse de Hautefère, Isabelle se lève sur son séant et s'écrie, en regardant le marquis d'un œil d'effroi : qui vient encore m'insulter jusque dans ma tombe?... Je le reconnais ; c'est ce misérable seigneur de Haut-Castel ! N'as-tu pas assouvi assez ta vengeance sur la malheureuse Isabelle de Hautefère !

Tandis qu'Hunold, Landry, Alix et sa femme restent pétrifiés, sir Pontard, stupéfait aussi, s'écrie à son tour : Vous ! vous seriez la veuve d'Aldouin ?

Landry, voyant qu'il est inutile de feindre, n'attend pas la réponse d'Isabelle ; il se jette aux pieds du marquis, et lui dit en fondant en larmes : Eh bien ! oui, monseigneur, c'est elle-même, elle-même que j'ai eu le bonheur de sauver à l'instant où le fer était levé sur sa tête innocente. Aurez-vous, monseigneur, la cruauté de la rendre à ses assassins ! Ne daignerez-vous pas plutôt la remettre entre les bras de son père, le vieux et respectable Geoffroy de Rançon ? O monseigneur, j'en appelle à votre générosité ; à votre humanité si connue! — Si l'on avait bien compté, répond sir Pontard, sur cette humanité, *si connue*, on n'aurait pas usé d'un vil détour ; c'est-ici la seule chose que je blâme... Mais les domestiques nous connaissent si mal ! Monsieur Bartholin aura cru, parce que je suis protestant, que je suis l'ennemi né et juré de toute espèce de catholiques. Voilà ce qui l'a fait imaginer sa fable de neveux, de nièce saisie d'une fièvre délirante.... Mais je ne le punirai pas, malgré sa gaucherie, d'une bonne action ; je lui en voudrai seulement de me l'avoir enlevée. Il aurait vu que l'esprit de parti, ou plutôt la différence des religions (car il n'y a que cela ici, puisque la famille Aldouin est, comme moi, pour la bonne cause), ne détruit pas, dans mon cœur, cette humanité, qu'il m'accorde, sans pourtant l'apprécier à sa juste valeur.

Le marquis s'avance vers le lit de la comtesse et lui adresse la parole : madame, je suis un peu fâché que votre éducation, vos principes, ne vous aient pas engagée à vous adresser à moi, plutôt qu'à mes gens, dans une circonstance si impérieuse pour vous ; car il me paraît que vous avez trouvé le moyen d'échapper à l'horrible vengeance qu'un fou, égaré sans doute par une passion sans espoir, a eu l'atrocité de vouloir exercer contre vous ?

La comtesse l'examine, et lui dit
en

en pleurant : Ah! monsieur, comment ai-je pu vous prendre pour ce monstre d'Antoine ! je vous en demande pardon. Vos traits si doux !... Oh! non, non, ce n'est pas vous ; mais ma fille Espérie n'est-elle pas quelque part dans votre château ? Faites-la descendre, monsieur ? Rendez-la moi, en grace ; rendez-la moi?

Le marquis reste étonné. Hunold s'empresse de lui dire : sa raison est aliénée, monsieur ; elle n'est pas encore revenue, sa pauvre raison ; et, si vous me permettez de vous dire comment nous avons pu l'arracher des bras de ses ennemis, vous verrez qu'il ne serait pas étonnant qu'elle restât ainsi, insensée toute sa vie. — Qui êtes vous, monsieur ? — Je suis Hunold, fils de sir Roland de Mortagne. — Vous, le fils de sir Roland !... Parlez ; je vous écoute.

Quand sir Pontard eut entendu le récit détaillé que lui fit Hunold, il s'écria : infortunée comtesse !... Mais, sir Hunold, je ne puis la garder chez moi ; non, quelque desir que j'en aie, je ne le puis ; certes, je ne suis pas l'ami du seigneur de Haut-Castel, puisqu'il est chef de ligueurs, et que je suis, moi, du parti opposé ; mais cet homme est puissant ; je m'en ferais un ennemi irréconciliable. Il veut bien m'oublier dans les persécutions qu'il exerce journellement sur les protestans de cette province, si je recélais ce qu'il appelle ses ennemis, ceux du moins de sa secte, il me troublerait dans ma paisible existence, et le plus léger tort qu'il me ferait occasionnerait la mort de la marquise de Treuil-Charais, ma jeune épouse, qui, malheureusement dépérit de jour en jour sous mes yeux d'une maladie de langueur. Elle en mourrait, cette femme que j'adore, et ma mort suivrait de bien près la sienne. Vous voyez que c'est bien malgré moi que je n'exerce pas, envers votre intéressante comtesse, les lois si impérieuses de l'hospitalité. La livrer de nouveau à ses assassins, ah! vous ne m'en croyez pas capable; mais la rendre à son père, c'est tout ce que je dois, ce que je puis faire. Je vais donc faire partir à l'instant un de mes gens pour le château de Rançon, et le charger de supplier le comte Geoffroy, ou tout autre de sa famille, de venir, le plus vîte possible, dût-il crever tous ses chevaux!

Le marquis écrivit là, sur la table de son concierge, et il rentra, avec sa lettre, au château, d'où l'on vit bientôt partir son exprès qui se mit à galopper aussi vîte que le vent. Le marquis revint ensuite, suivi de domestiques chargés de mets, de restaurans et de rafraîchissemens. J'aurais bien, dit sir Pontard, fait transporter cette dame dans un des lits de la marquise ; mais c'est pour si peu de temps, et ce changement d'ailleurs pourrait nuire à sa santé. En attendant, sir Hunold, faites-lui accepter quelques-uns de ces alimens.

La comtesse de Hautefère s'était rendormie. On ne voulut pas la réveiller. Elle dormit ainsi jusqu'à minuit, heure à laquelle le vieux comte Geoffroy arriva à cheval, avec l'exprès du marquis. On juge de l'état de ce tendre père quand il revit sa fille, et qu'il la retrouva dans une situation d'esprit voisine de la démence. Isabelle reconnut néanmoins son père. Ah ! mon père, lui dit-elle, me ramenez-vous ma fille, ma fille -

chérie ? Pour mon mari, je sais qu'ils l'ont massacré sous mes yeux; mais mon Espérie, elle s'est réfugiée chez vous; tout le monde me l'a assuré. — On t'a trompée, ma fille; Espérie est toujours dans sa triste prison, à la tour de Cahors. Oh! non, mon père, elle n'y est plus. Elle était avec moi, près de moi, à cette grande fête funèbre, dans laquelle on portait plus de cent corps inanimés, à la lueur des torches lugubres, au bruit des cantiques pieux que des prêtres.... Non, non, c'était des cannibales. Ils hurlaient, ils demandaient ma mort, celle d'Espérie! Espérie, à ces cris farouches, se serre contre moi, dans mes bras, oh! nous étions vraiment collées l'une contre l'autre; mais un coup fatal a tranché ma tête... Que dis-je ? je ne l'ai que trop conservée, ma pauvre tête.... Je ne sais pas enfin comment cela s'est fait, si c'est un coup de tonnerre qui m'a frappée ; mais je suis tombée morte !

A ces mots de sa fille, qui prouvent le délire de son imagination, le bon Geoffroy de Rançon verse des larmes et s'écrie en sanglottant : Non, ma fille, non, ma chère fille, tu n'es pas morte. Des monstres ont voulu t'assassiner ; mais Hunold, le fidèle Landry et ses amis, qui sont aussi les nôtres, t'ont sauvée de leurs coups homicides.— Je sens bien, mon père, que j'existe, puisque j'ai le bonheur de vous revoir, de vous embrasser ; mais quelle existence !..... avec une tête... pesante, un cerveau ! qui me brûle ! et sans mon Espérie !..... je vous dis, mon père, qu'elle est chez vous, au château de Rançon. Tout à l'heure, je l'y ai vue, je lui ai parlé, elle s'est écriée : Ma mère, revois ta fille, et tâche d'oublier tes peines !...... oh! elle m'a dit cela. J'entends encore sa voix si douce, si touchante. Partons, mon père, partons pour Roquamadour. Ce n'est pas loin d'ici, puisque je vous dis que j'y suis allée, il n'y a pas une heure.

Elle n'a pas dormi, dit Hunold ; elle n'aura fait que rêver, et un songe lui aura offert votre château, sa fille, sa fille surtout ? car cette excellente mère, dans son triste délire, a presque tout oublié, hors son Espérie. Elle en parle sans cesse ; c'est sa divinité, le but unique de ses pensées ; c'est sa fille en un mot !

Sir Pontard était là. Il ne put s'empêcher de joindre quelques larmes de sensibilité à celles, bien amères, qui coulaient, avec abondance, des yeux du comte Geoffroy. Ce dernier, sentant les fortes raisons qu'avait le marquis pour ne pas garder davantage Isabelle chez lui, le remercia néanmoins de la courte hospitalité qu'il avait bien voulu lui accorder ; puis, il fut convenu qu'il partirait, au point du jour, avec sa fille, Hunold et Landry ; qu'on placerait la comtesse dans une litière fermée, prêtée obligeamment par le marquis lui-même, et qu'on la conduirait à l'Hermitage Saint-Jacques, où elle serait beaucoup mieux cachée que dans le château de Rançon, ou partout ailleurs. Le marquis de Treuil-Charais accepta sur-le-champ le titre de chevalier, la décoration des hermites, et fit le serment d'usage, à condition qu'il ne quitterait pas le château, où la marquise son épouse était malade, mais qu'il ferait, autour de lui, et dans Figeac, autant de prosélytes

qu'il

qu'il le pourrait à la cause du bon Henri. Le marquis embrassa cordialement le bon Geoffroy de Rançon, en lui disant : Cette journée, cher comte, me raccommode tout à fait avec les catholiques. Je vois, d'après vous, qu'il peut y en avoir de bonne foi, et que le roi Henri a des fidèles sujets dans toutes les religions. C'est que nous avons, à Figeac, un abbé si fanatique, si déchaîné contre le roi de France et de Béarn, que je ne supposais pas qu'il y eût un seul catholique qui fût sincère en jurant qu'il aimât ce grand roi ; je les croyais tous remplis de haine et de fiel contre ce magnanime héros. Vous et sir Hunold, me prouvez le contraire ; le comte Aldouin a péri pour sa cause ; sa veuve a vu de près le fatal échafaud ; voilà des preuves irrécusables de la bonne foi des catholiques vraiment français.... Allez, malheureux père ; confiez cette femme infortunée à tous vos chevaliers, et qu'ils gardent ce précieux dépôt pour le montrer, un jour, au grand Henri, comme la seconde victime, dans votre famille, de son dévouement pour son roi.

Le comte Geoffroy voulut passer la nuit près de sa fille ; mais il ne dormit pas ; il ne fut occupé qu'à chercher à la consoler, quand elle veillait, ou à gémir de l'agitation de son sommeil, quand la fatigue la forçait à un engourdissement, qui n'avait que l'apparence du repos.

Au point du jour, la comtesse fut couchée, le plus commodément possible, dans une longue litière, et le vieux comte Geoffroy, suivi de sir Hunold, monta à cheval devant les mulets qui la traînaient, et que guidait le soigneux Landry. Landry avait renvoyé ceux de ses amis qui l'avaient aidé à sauver la comtesse, à l'Hermitage dont ils étaient membres ; en sorte que Landry était seul et disposé à accompagner partout le comte de Rançon, ainsi que sa fille infortunée. Le comte de Rançon était trop généralement respecté pour que son voyage pût être regardé comme suspect, même par les ligueurs qui le croyaient à moitié converti pour eux. Le bon Geoffroy aimait bien sincèrement Henri IV ; il pensait comme son gendre, sa fille, et leurs amis ; il eût même partagé leur dévouement, leurs dangers, s'il l'eût fallu ; mais l'austérité de ses mœurs lui faisait quelquefois critiquer les amours du bon roi ; il ne se cachait à personne pour lui trouver les plus grands torts de ce côté-là, et les ligueurs prenaient ces boutades pour une haine secrète que le vieux Geoffroy n'osait pas exhaler plus clairement devant ses parens, qu'il savait être tous dans le parti du *Béarnais*. Les ligueurs étaient persuadés ainsi, que le comte Geoffroy, loin d'être dangereux, n'osait pas se prononcer pour eux ; mais qu'il était à eux intérieurement. Aussi ne fut-il visité, encore moins insulté par qui que ce fût, dans son voyage en Béarn. On ne chercha pas même à savoir ce que contenait la litière qu'il accompagnait ; on avait l'air, au contraire, en voyant le changement funeste qui s'était fait dans ses traits, de le plaindre d'avoir perdu sa fille.

Ce n'est pas que le seigneur de Haut-Castel, son Rémistan, et tous ses partisans, crussent que la tête d'Isabelle était tombée, le soir du tremblement de terre ; on savait bien que les bourreaux n'avaient pas eu le temps de frapper la victime ; mais, comme plus de soixante personnes des deux sexes, avaient été noyées dans la plaine de Corjac, cette nuit là, et qu'on voulait en cacher le nombre au peuple, toujours prêt à s'effrayer, à voir des prodiges, des punitions célestes, dans de semblables événemens, on avait donné l'ordre d'enterrer à la hâte, tous ces cadavres, avant le point du jour ; en sorte qu'on s'imagina que la comtesse était du nombre de ceux qui, entre autres, étaient défigurés à ne pas les reconnaître. D'ailleurs ceux des amis de Landry, partisans d'Isabelle, qui étaient restés à la ville, accréditèrent à dessein ce bruit, en se rendant sur le champ des morts, et en jurant qu'ils reconnaissent la comtesse dans un cadavre de femme, qui avait en effet sa stature et sa mise. Quand on dit sa mise, on se trompe; car des factieux, de la lie du peuple, étaient venus, avant le jour, et quand les eaux, en s'écoulant, l'avaient permis, dépouiller tous les morts, pour s'approprier leurs vêtemens, tout fangeux qu'ils étaient, ajoutant ainsi le sacrilège au vol; mais cette circonstance ajouta à la difficulté qu'on eut de reconnaître la comtesse et à la persuasion, à laquelle on s'arrêta, qu'elle était au nombre de ces malheureuses victimes de la peur, de l'orage, et du tremblement de terre surtout, qui avait renversé une foule de curieux les uns sur les autres. Ainsi donc, par une permission du ciel sans doute, on crut le corps d'Isabelle noyé, comme on était persuadé que celui de son mari avait été brûlé. La même erreur s'accrédita également pour ces deux victimes. Dieu met souvent un bandeau sur les yeux des méchans !.... Revenons à notre Isabelle.

On la transporta sans accident, jusqu'à l'entrée de la vallée de Baygorri, où les bergers, réunis pour en défendre l'enceinte, parurent étonnés d'abord, et presque décidés ensuite à ne pas laisser entrer cette *folle*, ainsi qu'ils la jugeaient, à l'Hermitage Saint-Jacques. Quoiqu'ils fussent probes et sûrs, on ne crut pas devoir leur confier un pareil secret. On leur dit seulement que cette dame infortunée, était l'épouse d'un chevalier, résidant à l'Hermitage, et que l'absence d'un époux qu'elle adorait, avait un peu troublé sa raison. On n'a trouvé d'autre moyen, ajouta-t-on, que de la réunir à l'objet de ses affections, ce qui sans doute, assurera et hâtera sa guérison. Les bergers crurent à cette fable, et l'on introduisit enfin la comtesse Isabelle dans l'Hermitage, où on lui donna un logement situé sur la cour, afin que personne du dehors, sur les bords de la Nive, ne pût entendre ses cris, ni ses gémissemens ; car l'infortunée comtesse resta insensée !...

Elle semblait ne pas se ressouvenir de la scène affreuse qu'elle avait eue dans la plaine de Cahors ; ou bien elle n'osait pas en parler ; mais on avait lieu de croire que cette scène de douleur se retraçait souvent et vivement à sa mémoire. Alors, elle jetait des cris perçans, et s'obstinait toujours à taire la cause de ses cris ; soit que ce souvenir fût trop déchirant pour son cœur ; soit plutôt qu'elle éprouvait de la honte d'avoir été traînée, *comme une vile criminelle,* ainsi qu'elle le disait souvent, et d'avoir vu de si près l'échafaud, l'échafaud! dont la seule pensée fait frémir l'être même qui jouit de toute la plénitude de sa raison.

Le comte de Rançon, dont l'affliction était au comble, la quittait peu dans le jour ; la nuit, elle avait près d'elle deux femmes ; mais, depuis l'arrivée d'Adalard, à qui Roland avait confié ce fatal secret, dans l'embrasure d'une croisée du château de Rançon, c'était Adalard qui la veillait, la nuit, toujours conjointement avec ses deux gardiennes, qui étaient des épouses de deux membres de l'ordre de Saint-Jacques, de la condition de Bastiano ; c'est-à-dire, qu'ils étaient écuyers, ou si l'on veut domestiques de deux chefs de l'ordre ; comme Bastiano l'était du sir de Taillebourg.

Roland ne pouvait pas toujours

cacher à Espérie que sa mère existait; mais, cette mère étant dans un état pire que la mort, et la jeune personne relevant d'une maladie que lui avaient occasionnée la fatigue, de longues souffrances, Roland voulait attendre que sa nièce eût recouvré la force nécessaire pour supporter ce nouveau coup, non moins violent que les premiers. Roland donc avait défendu, à Hunold, à Landry, à leur retour du Béarn, ainsi qu'à Adalard, d'annoncer à la fille de la comtesse, cette affreuse nouvelle; mais, en arrivant à l'Hermitage, il avait logé Espérie dans une pièce voisine de celle qu'habitait Isabelle, afin que cette jeune personne pût, par la suite, et lorsqu'elle serait instruite d'un si cher voisinage, communiquer avec sa mère, sans être obligée de traverser les longs corridors, où les vastes cours de l'Hermitage. Cependant, dès la première nuit, Adalard avait eu l'imprudence de parler avec Landry, et sans prendre garde qu'ils étaient près de la porte d'Espérie : craignant les cris, les extravagances d'Isabelle, ils s'étaient proposés *de la lier*, le lendemain matin, et la pauvre Espérie, qui avait entendu ces mots, pouvait croire qu'il était question d'elle. Aussi, lorsqu'elle demanda à son oncle l'explication de ces mots, vraiment effrayans, celui-ci lança-t-il à Adalard un coup-d'œil qui semblait lui dire : *imprudent! vous et Landry, vous ne faisiez donc pas attention que vous pouviez être entendus d'Espérie?*

Sergie était instruite aussi de l'existence passive de la comtesse, auprès de laquelle, introduite en secret, elle avait déjà bien versé des larmes;

mais, Sergie, comme tout le monde, avait l'ordre de n'en point parler la première à la trop sensible Espérie.

Cependant les cris aigus, qu'elle avait entendus, la seconde nuit, lui avaient dessillé les yeux. Elle avait, cette fois, très-bien reconnu la voix de sa mère. Une enfant peut-elle se tromper à une voix si chère, si doucement habituée à frapper son oreille ! Sergie, dit-elle à sa compagne, je t'assure que c'est la voix de ma mère ! — Oh, mon Dieu ! j'ai peur. — Oh, je ne suis ni assez timide, ni assez sotte pour croire aux revenans ; ce n'est point l'esprit de ma tendre mère qui revient ; c'est elle-même qui parle, qui m'appelle ; très-certainement c'est elle-même, et elle est là. — Où donc, là, s'il vous plaît ; dans cette chambre ? — Je voudrais bien qu'elle y fût, mais ce n'est point dans cette chambre. Il y en a sûrement une autre à côté, dans laquelle donne une porte condamnée, que tu as vue comme moi ici, près de ce prie-dieu. Il y a du monde, te dis-je, de ce côté; j'ai déjà entendu aller, venir, il y a du monde. — Cela peut-être, mademoiselle; mais quelle apparence que ce soit madame la comtesse de Hautefère? — Je suis de ton avis. Cependant, qui peut m'avoir appelée avec tant de tendresse? On aurait donc contrefait la voix de ma mère? cela est impossible. — Il est également impossible, à moins d'un miracle du ciel, qu'une personne, aussi cruellement assassinée... — Ah, tu me replonges dans mon désespoir! Je sens bien, hélas! que ma mère!.... O mon Dieu! qui peut se jouer à ce point de ma sensibilité! car, cette voix, c'est la sienne ; Sergie, je le jurerais !

Ces deux amies sont long-temps dans la même indécision. L'une sait le secret, mais elle ne peut le révéler. Il lui en coûte cependant cruellement, à la pauvre Sergie, de ne pouvoir éclairer sur-le-champ sa maîtresse chérie ; elle pense que peut-être Espérie recevrait ce coup avec moins de douleur, en voyant que sa mère existe. Elle croit que le moment est favorable pour le lui apprendre, et elle voudrait bien que sir Roland de Mortagne fût là pour lui en accorder la permission !

Le jour paraît enfin, et les cris ont cessé ! Espérie a eu le bonheur de se rendormir, et si profondément qu'elle n'entend pas Sergie, qui se lève doucement, s'habille et va trouver le seigneur Roland. Sergie lui fait part de ce qui s'est passé la nuit; elle le conjure de la changer de logement, ou d'éclairer Espérie sur l'existence de sa mère.

Roland réfléchit, et entre avec Sergie, dans l'appartement d'Espérie qui, éveillée, a été fort surprise de ne pas voir près d'elle sa compagne. Sergie entre la première, l'habille et lui dit que son oncle attend le moment où il pourra entrer. — Tout de suite, répond Espérie, qui se hâte de finir sa simple toilette.

Sir Roland entre, s'asseoit près de sa nièce, lui prend une main qu'il serre contre son cœur, et lui dit : Espérie ! as-tu du courage, de la force, de la résignation ? — Pourquoi, mon oncle ? vous m'effrayez... — Si tu étais raisonnable, tu apprendrais, sans éprouver une révolution nui-

sible à ta santé, un secret que je t'ai caché jusqu'à présent, redoutant toujours l'excès de ta sensibilité. — Oh, parlez, mon oncle? Je devine déjà que ce secret concerne ma mère. — Eh bien oui, il est question de ta mère ; mais, avant que je t'en dise davantage, promets-moi, mon enfant, de réprimer ton impatience, tous les divers sentimens qui pourront agiter ton cœur, de ne régler enfin tes démarches à l'avenir que d'après mes ordres, ou au moins d'après ma permission? — Eh, mon oncle, ne vous suis-je pas soumise en tout? — Il faut que tu continues plus que jamais à l'être ; sans quoi tu tromperais mon espoir, et, le plan que j'ai formé, tu le contrarierais au lieu de m'y servir, comme je l'attends de toi. Espérie ! jure-moi devant ce Christ, l'image du sauveur
du

du monde, que, quelque effort qu'il t'en coûte, tu m'obéiras en tout ce que je croirai devoir te prescrire? — O le meilleur des oncles, je vous le jure devant Dieu, qui entend mon serment.... Mais Sergie n'est-elle pas de trop ? — Sergie sait déjà tout ce que je vais t'apprendre. C'est un second nous-mêmes ; elle m'avait promis de se taire avec toi ; elle l'a fait ; tu vois qu'elle mérite bien toute ma confiance.

Sir Roland se rapproche d'Espérie et continue : Tu sais que la comtesse ta mère fut condamnée par un misérable, qu'elle mourut... — Qu'elle mourut, mon oncle ! cela n'est donc que trop vrai? — Tu parais en douter? aurais-tu l'espoir que quelques amis eussent pu la sauver, qu'elle existât encore? — Mon oncle, elle existe sans doute; car j'ai cru l'entendre m'appeler, cette nuit? — N'est-ce pas un songe flatteur qui t'aura rappelé sa voix, si tendre, surtout quand elle parlait à sa fille adorée? — Oh! je ne rêvais pas, mon oncle. A la suite de cris affreux, qui m'ont glacé l'ame, j'ai entendu appeler *Espérie? Espérie?* et j'ai reconnu la voix de ma mère. — Remercierais-tu bien le ciel, mon Espérie, si tu ne t'étais pas trompée, si Dieu t'avait conservé cette mère adorée? — Elle existe, mon oncle? — Elle existe et elle est ici, à deux pas de toi. — Ma mère!

Espérie a prononcé ces deux mots en souriant avec l'air de la joie; mais en même temps, ses traits se sont décolorés, son cœur a cessé de battre, une sueur froide a glacé ses sens; elle est prête à perdre connaissance. Soutenez-la, Sergie, s'écrie Roland?

grand Dieu! ce coup va la tuer! — Oh! non, non, mon oncle, répond l'aimable fille en rouvrant sa paupière; l'émotion du bonheur ne fait jamais de mal. Seulement, j'ai si long-temps pleuré ma mère que la savoir existante m'a causé une révolution... — Je te l'avais bien dit; je connais l'excès de ta tendresse pour ta mère; j'en craignais les effets. — Oh! le coup est passé, mon oncle; ma mère voit encore la lumière; je ne pense plus qu'au bonheur de la serrer dans mes bras. Et vous me faisiez un secret de cela, mon oncle? Sergie aussi? Et sans doute Adalard et Landry? — C'est Landry qui l'a sauvée. — Landry? fidèle serviteur? tu ne mourras que comblé des bienfaits de ma juste reconnaissance. Cependant, je reviens à ce secret, mon oncle, et je ne devine pas pourquoi, depuis mon arrivée ici, vous ne m'avez pas réunie à ma mère, qui sans doute y était avant moi? elle-même, ne sait-elle pas que je suis ici? ne redemande-t-elle pas, tous les jours, la nuit même, sa fille à grands cris? quel motif plausible peut vous avoir engagé à séparer si long-temps une enfant de l'auteur de ses jours?

Sir Roland baisse les yeux et se tait. Espérie lui dit : mon oncle? vous ne me répondez pas? Ma mère! lui serait-il arrivé d'autres accidens? serait-elle malade? à son lit de mort? Oh! c'est cela ; vous craignez de m'affecter.... Parlez, je suis capable d'entendre tout ce que vous me direz ; mais que je la voie au moins, avant de la perdre pour la seconde fois, pour toujours alors!

Espérie versait des larmes, et ses

regards, aussi curieux qu'inquiets, étaient constamment fixés sur les traits de son oncle. Il lui répondit à la fin : Espérie, elle existe ; elle n'est point à l'article de la mort ; cependant, mon Espérie, il vaudrait mieux, peut-être, qu'elle eût perdu la vie ! — Grand Dieu ! et pourquoi ? — Elle existe pour elle, mais elle est perdue pour nous. — Daignez vous expliquer cette incertitude ?... — Elle est cruelle pour toi, je le vois ; je vais la faire cesser. Ta mère, Espérie, ta malheureuse mère ! elle a perdu la raison !...

Cette fois, Espérie reste interdite, ses membres sont inanimés ; ses yeux sont fixés ; sa langue est glacée sur ses lèvres ; elle ne peut pleurer, elle ne peut parler ; son attitude enfin peint la surprise, la douleur et la consternation. Le sir de Mortagne continue : le voilà, Espérie, ce funeste secret, que tu brûlais d'apprendre, que je te cachais avec raison; le voilà ! dis-moi, ne serais-tu pas plus heureuse de l'ignorer? à quoi te sert de le savoir ! tu reverras ta malheureuse mère; mais tu ne la reconnaîtras pas; peut-être elle-même aura-t-elle de la peine à te reconnaître; tu reverras un phantôme et tu gémiras, chaque minute, de l'état déplorable dans lequel elle est tombée.... Ne te disais-je pas, avant d'entrer en Béarn, qu'un grand malheur t'y attendait? Ne t'ai-je pas engagée cent fois, ici même depuis notre arrivée, à rassembler toutes les forces de ton ame pour la préparer à recevoir ce coup fatal; le dernier sans doute, mais non moins douloureux, que le Ciel te réservait. Le voilà, mon enfant; oui, depuis le moment où elle fut arrachée à une mort certaine, Isabelle est restée privée de sa raison.

Espérie a à peine écouté son oncle ; ses yeux étaient fixés vers la terre ; elle ne respirait plus !... Elle recouvre enfin l'usage de la parole et s'écrie avec l'accent de la plus profonde douleur : ô mon Dieu ! nous avez-vous donc retiré votre sainte miséricorde ! ma mère !... O pourquoi le juste est-il accablé de tant de maux !... Et vous, mon oncle, que vous avez dû souffrir, vous qui chérissez tant votre belle-sœur ! — Ma sœur ! mon Espérie ! il n'y aurait pas de sacrifice qui me coutât pour la rendre à son premier état ! mais, des médecins célèbres, et il y en a ici plusieurs, l'ont vue, l'ont traitée ; tous ont assuré que nous ne devions plus conserver le moindre espoir. Elle est insensée pour sa vie! — Une femme aussi spirituelle, aussi lettrée, l'honneur de son sexe! ô mon Dieu, mon Dieu!

Espérie retrouve des larmes et son oncle est plus tranquille en la voyant en verser des torrens : pleure, lui dit-il, ma chère nièce, pleure la meilleure des mères; car elle est maintenant comme morte pour toi et pour nous. Dans les premiers momens et pendant même une quinzaine de jours, elle se souvenait de beaucoup de choses; mais à présent elle ne se rappelle plus rien, elle ne répond plus avec le moindre sens, à aucune de nos questions. Ou elle dort, ou elle nous regarde fixement, ou bien enfin, ce qui lui arrive assez fréquemment, elle tombe dans une espèce de fureur, et jette des cris perçans. Elle était dans une de ces crises, cette nuit, quand tu l'as entendu crier.

Nous

Nous présumons que, dans ces momens affreux, elle revoit l'échafaud où elle a été traînée, le peuple qui demandait sa mort, les torches funèbres, tout l'appareil de son supplice. C'est-là ce qui la fait jeter les hauts cris, et tu auras plus d'une fois l'occasion de t'en convaincre. Mais, Espérie, ce qui ajoute le plus à nos regrets, c'est que ta mère est dépositaire d'un secret, dont la connaissance est des plus importantes pour le roi Henri. — Pour le roi ! — Pour notre grand roi, oui mon Espérie... Tu as entendu parler d'une liste de vingt mille amis du roi et d'un trésor considérable qu'on avait confié à ton père ? — Oui, mon oncle, eh bien ? — Cette liste, on a cru que ton père l'avait brûlée, ce trésor enfin était introuvable... Apprends que ta mère sait où sont ces deux objets si utiles ? Elle les a cachés, conjointement avec son époux, la nuit même du jour qui précéda leur arrestation. Landry est certain qu'ils ont caché, cette nuit-là, une cassette des plus précieuses ; il nous a expliqué les motifs qui lui ont donné cette persuasion ; ils sont vraisemblables et avoués par la raison. Ainsi, d'un seul mot, ta mère pourrait nous éclairer sur le lieu qui recèle ce dépôt ; mais ce mot, elle est hors d'état de le prononcer. Quand on lui en parle, elle vous regarde avec étonnement et ne vous répond pas. Nous en avons essayé plusieurs fois l'épreuve, depuis que Landry nous a fait cette confidence ; et il n'y a pas long-temps de cela.

Roland se rapproche d'Espérie, et lui dit, un peu plus bas, comme s'il ne voulait pas être entendu de Sergie : sans doute, Espérie, Landry est un homme des plus dévoués à ses maîtres ; mais nous n'avons jamais parlé devant lui, pas plus que devant nos autres domestiques, de la liste cachée, du trésor, ni d'aucun des secrets du comte Aldouin. Ce n'est qu'au conseil d'hier, où Landry assistait, qu'il a appris cette particularité sur laquelle le comte Geoffroy s'est expliqué tout haut. Landry, très-surpris, est venu me trouver après, et m'a dit : Oh ! mon Dieu, monsieur le baron, que ne m'avez-vous parlé de cela plutôt ? Je sais ce dont il est question, moi, et je puis vous affirmer que madame la comtesse de Hautefère sait aussi parfaitement où sont cachés ces dépôts. Elle était avec M. le comte Aldouin ; ils n'étaient qu'eux deux pour serrer cette liste et ce qui l'accompagnait.

« Là dessus, Landry m'a donné des détails si exacts, que je n'ai pu douter que la comtesse partageât ce secret avec feu son mari. Nous sommes entrés alors, moi, Adalard et Landry, chez ta mère; nous l'avons suppliée, conjurée de nous dire la vérité. Toujours, ainsi que je viens de te le dire, elle s'est obstinée à ne pas nous répondre. On croirait même qu'elle a totalement oublié cette circonstance, qui ne paraît pas produire sur elle le moindre effet. Toute la journée, nous l'avons questionnée; mais en vain!... Nous comptons sur toi, Espérie, pour nous procurer cette utile découverte. Il te faudra presser ta mère, prendre tous les moyens que ton adresse te suggérera pour lui arracher ce secret, la menacer même, s'il le faut, qu'elle ne te reverra plus, si elle ne te fait pas cette utile confidence.... Tu frémis, mon enfant ?... Songe donc que cette menace serait illusoire puisque la comtesse étant insensée, tu en ferais ce que tu jugerais à propos. Il s'agit seulement de prendre tous les moyens pour tirer un trait de lumière de ses momens lucides; elle en a; elle parle quelquefois avec sens; mais ces éclairs sont aussi prompts, passent aussi vîte que ceux qui signalent les orages; une minute après, elle n'est plus à elle, ni à personne. Au surplus, ma nièce, ce n'est pas sans raison que j'ai exigé de toi le serment devant Dieu, d'obéir à mes moindres ordres. Je pourrais t'en donner qui alarmassent ta tendresse filiale, qui te parussent sévères, inexécutables pour une fille envers sa mère, et, dans ce cas, je serais forcé de te rappeler ce serment sacré. Espérie! c'est pour ton bonheur, le nôtre, et celui de notre grand roi, dont les intérêts dépendent aujourd'hui de ta malheureuse mère, d'une insensée! juge, Espérie, combien nous avons intérêt à la faire s'expliquer!

Espérie ne pouvait revenir de tout ce que son oncle venait de lui apprendre, et surtout de la fin de son discours. Il fallait donc qu'elle persécutât son infortunée mère, puisque sir Roland pouvait lui donner des ordres qui contrariassent sa tendresse filiale! Mais, avant de connaître ces ordres, ni la conduite qu'elle aurait à tenir, Espérie voulait voir Isabelle; elle brûlait de la serrer dans ses bras et elle se flattait qu'elle pourrait, peu à peu, opérer sa guérison. Elle en témoigna le vif désir à son oncle, qui lui dit : Attends, que je sache si Adalard est chez ma sœur.

Il sortit et revint bientôt, en disant: La pauvre comtesse a près d'elle, en ce moment, son père, Adalard, ses parens, MM. de la Touraille, père et fils, et le bon serviteur Landry. On la prépare au bonheur de te revoir, si toutefois elle y comprend quelque chose, et nous allons entrer chez elle. Viens, ma nièce?...... Eh bien! ton cœur se serre; tes genoux fléchissent?..... Sergie, aidez-moi à guider sa démarche tremblante; prenons-lui chacun un bras, et fortifions son courage pour cette douloureuse entrevue. Espérie! si tu n'as pas la force qu'exige ce triste moment, renonce donc à jamais à aborder celle qui te donna le jour. Tu es libre de rester ici, de renoncer à cette réunion si douce et si fatale!

Espérie répondit, en se remettant: Marchons, mon oncle; vous verrez que votre nièce aura toute la fermeté que vous lui desirez!

La porte, qui communique aux deux chambres, s'ouvre alors. Espérie, la palpitante Espérie voit, enfoncée dans un grand fauteuil, une femme qu'entourent plusieurs personnes, et elle cherche en vain, dans les traits décolorés de cette infortunée, la beauté, la grace et la fraîcheur dont jadis brillait sa mère.

Isabelle promène ses regards autour d'elle d'un air distrait et inoccupé. Roland lui dit : Ma sœur, voilà votre fille, que le ciel rend enfin à vos desirs ; voilà Espérie.

La comtesse, à ce nom, examine la jeune personne ; se lève, fait deux pas vers elle, et s'écrie : Espérie ! oui, c'est elle, la voilà. C'est bien elle, cette fois. O ma fille, viens te jeter dans mes bras ?

Espérie s'y précipite ; on force la comtesse à se rasseoir, et sa fille reste à genoux devant elle, les bras passés autour du cou d'Isabelle, l'inondant de ses larmes, et la couvrant de ses baisers. Ma mère, dit Espérie, vous me reconnaissez donc ? — Il faudrait que je fusse tout à fait folle pour ne pas reconnaître ma fille chérie. Mon frère, mon père, Adalard, Landry, vous tous qui m'entourez, à qui dois-je la douceur de la revoir !

O bonheur ! interrompt Adalard, elle recouvre sa raison. — Elle reconnaît en effet tout le monde, reprend sir Roland. O mon Dieu ! la vue de sa fille aurait-elle donc opéré un aussi heureux changement ! — Cela se pourrait bien, dit Landry ; j'ai connu une femme... — Oh ! tais-toi, réplique Adalard. C'est bien ici le cas d'écouter tes citations ! voyez, voyez tous comme elle regarde mademoiselle Espérie ? mais son œil est sec, cela n'est pas un bon signe.

La comtesse, en effet, ne peut se lasser d'examiner Espérie ; puis elle lui dit d'un ton touchant : Je cherche à voir, ma fille, si mes yeux ne me trompent pas, si ce n'est pas l'effet d'un rêve trop flatteur ! car je t'ai vue tant de fois en songe. Cette nuit encore, je t'appelais à grands cris. Où étais-tu, ma fille, que tu ne m'as pas répondu ? — A deux pas de vous, ma mère ; mais j'ignorais être si voisine de l'être que j'adore le plus sur la terre. — Oh ! c'est bien toi, c'est bien ta voix si tendre, qui n'a jamais, malgré notre séparation, cessé de résonner à mon oreille attentive. Le vent, l'écho, le plus léger souffle du zéphire l'apportaient continuellement à mon oreille. Toujours j'entendais mon Espérie, même dans le plus profond silence. Je te voyais dans l'ombre ; je te voyais dans les airs, sur la terre, endormie, éveillée, tu étais pour moi partout! ô mon Espérie, tu m'es rendue ! mais, si tu n'es qu'une ombre, échappée, par faveur, du ciel qui a bien voulu me faire jouir un moment de ta présence, reprends un corps; mon Dieu! rends-lui ses formes humaines, et qu'elle ne me quitte jamais ? — J'existe, ma mère; je n'ai jamais cessé d'exister, et je suis avec toi, près de toi, toujours, pour la vie !

Sa raison, dit sir Roland, revient, par degrés sans doute, mais d'une manière sensible. Elle n'aurait pas dit de suite, hier, le quart d'une de ces phrases. Parle, Espérie ? continue de lui faire entendre cette voix qui a tant d'empire sur le cœur d'une mère.

La comtesse n'était occupée qu'à

contempler sa fille. Peu à peu son œil devient humide, quelques sanglots s'échappent de sa poitrine. Plusieurs larmes commencent à tomber de ses yeux ; puis enfin elle en verse en abondance. Elle est sauvée, s'écrie Adalard !

Sans doute le bonheur de retrouver sa fille avait de beaucoup diminué sa première et stupide démence ; mais il lui restait encore trop d'égarement pour faire désespérer de son entière guérison. Elle le manifesta bientôt de cette manière : je pleure, ma fille, je pleure enfin ; oh ! il y a si long-temps que je n'ai pu pleurer ! Tu dois savoir toutes les peines que j'ai essuyées ? on t'a dit mon emprisonnement dans le château de Haut-Castel ? on t'a dit qu'ensuite.... qu'ensuite... je... je ne me rappelle plus ce que j'allais te dire... Ah !

mais tu étais avec moi, le jour de... ô mon Dieu, voilà ma mémoire qui s'égare encore une fois.... je la recouvre. Tu étais avec moi, lorsque Landry nous mena, toutes deux, à ce carnage horrible, qui se fit dans une plaine...; j'entends encore les cris des blessés, des mourans; puis des prêtres vinrent, en procession, enterrer les corps, en chantant des cantiques pieux.... Tu tombas devant moi, Espérie; un fer homicide levé sur ta tête innocente !... Non, non, c'est toi qui leur cria : épargnez ma mère, monstres affreux ! épargnez ma mère !... Le coup tomba sur moi; mais je ne m'en repens pas, puisque j'ai pu sauver tes jours. — Ma mère, vous ne succombâtes point; vos jours furent conservés. Vous vivez enfin, puisque j'ai le bonheur de vous serrer dans mes bras.

La comtesse regarde encore, sourit, se remet et répond : Pardonne à ma pauvre tête, Espérie ; elle s'égare quelquefois ; mais dis-moi la vérité, toi ? Il y a des momens où j'entends, autour de moi, ces mots : *Elle est folle, ô mon Dieu ! elle est devenue folle*....... Est-ce que je l'aurais été, Espérie ; est-ce que je la serais encore ? Toi qui me revois depuis bien long-temps, réponds-moi, te fais-je cet effet-là ? — Non, ma mère ! oh non ! vous me recconnaissez, vous m'embrassez, vous me parlez enfin comme en pleine raison. — Dieu me ferait donc la grace de me la rendre ? car je l'avais perdue ; je m'en apercevais bien moi-même. Aujourd'hui, c'est différent ; je suis.... il n'y a que ma mémoire. Oh ! je n'ai plus du tout de mémoire.—Je suis sûre pourtant, ma bonne mère, que vous vous rappelleriez bien, si vous le vouliez, en quel endroit, vous et mon père, avez caché une liste et un trésor bien précieux?

Tout le monde se rapproche et dit : Ecoutons ce qu'elle va répondre.

La comtesse reste interdite d'abord; puis elle paraît réfléchir, et dit ensuite d'un ton de voix étouffé : qui ose m'interroger sur ce point? J'ai juré, dans ma prison, à Dieu, aux mânes de mon époux, de ne jamais révéler ce secret (*Elle baisse les yeux*). Il mourra avec moi, et vous qui me questionnez, vous n'aurez pas l'odieux plaisir de porter cette fatale liste au monstre de Haut-Castel, de causer ainsi la mort de vingt mille innocens!

Elle reste les yeux baissés et fixés vers la terre. Espérie lui réplique : ma mère, daignez regarder votre fille? C'est elle qui prend la liberté de vous faire cette question, et vous savez trop qu'elle serait incapable d'abuser de votre confiance.

La comtesse, toujours les yeux baissés, répond : Personne n'en abusera; car personne ne le saura ; non, qui que ce soit, personne.

Elle lève enfin les yeux sur sa fille, et continue : As-tu entendu, Espérie, la question qu'on m'a faite ? Etait-elle insidieuse et perfide ? Oh, je m'y attendais. On m'a déjà interrogé plus de mille fois sur ce sujet ; mais, apprends, Espérie, que ton père, lui-même, m'a défendu de révéler ce dangereux secret ? j'étais... oh, il y a long-temps de cela. J'étais encore dans ma prison de Haut-Castel, lorsqu'une nuit, l'ombre d'Aldouin m'est apparue.... Oui, son ombre, son ombre ! qui m'a dit : garde-toi, Isabelle, de jamais découvrir le lieu où nous avons caché cette liste, qui

pourrait

pourrait compromettre nos amis ? On prendra tous les moyens pour t'arracher ce secret : garde-le, si tu ne veux être responsable, devant Dieu, de la mort de vingt mille hommes... Mon époux m'a dit cela, et j'ai vu sur-le-champ tomber sur notre cachette, une flamme qui l'a dévorée !

Sergie dit tout bas à Adalard ; c'est donc à cette occasion qu'elle me dit, un matin, pendant la fièvre chaude, qui fut cause qu'on me plaça près d'elle : *Sergie ! j'ai revu, cette nuit, le comte Aldouin ; il m'a fait une recommandation si importante, que j'ai juré à son ombre plaintive, de lui obéir en tout point.* Elle me parla aussi d'une flamme tombée du ciel, et qui avait brûlé... je ne sais quoi... Je crois pourtant qu'elle m'a dit ce que cette flamme avait consumé ; mais, moi qui attribuais cela au délire de ses sens, je n'y ai pas apporté une grande attention. Si j'avais su ce dont il s'agissait, je l'aurais pressée de questions, et peut-être m'aurait-elle confié ce fameux secret !.... C'est étonnant que je ne me rappelle pas ce qu'elle m'a dit avoir vu brûler, car elle me l'a dit... Etait-ce un coffre ? une cassette ?... je chercherai dans ma mémoire, et je m'efforcerai de m'en souvenir.

Oh ! tâchez, lui répondit Roland, faites tous vos efforts pour vous rappeler cela ?... Mais ne la pressons pas davantage aujourd'hui sur cet objet. Laissons-la jouir du plaisir pur et sans mélange de retrouver sa fille. Espérie, dans sa conversation, tâchera de la calmer, de ramener peu à peu, son jugement, sa mémoire, et ce sera un grand pas de fait pour sa guérison, dont je ne désespère plus maintenant; car elle n'est plus la même que ces jours derniers... Tu m'as compris, Espérie. Reste avec la comtesse, et tâche de seconder nos vœux, qui doivent être aussi les tiens.

Sir Roland et ses amis sortirent, laissant Espérie seulement auprès de sa mère; elle y passa la journée, et deux jours s'écoulèrent pendant lesquels elle ne quitta pas l'infortunée comtesse, qui commença à recouvrer enfin, et de la mémoire, et un peu plus de raison. Ces progrès, assez sensibles, comblèrent de joie Espérie et sur-tout Roland, qui ordonna alors à sa nièce de faire sur sa mère, la dure épreuve dont il lui avait parlé; mais, craignant toujours que cette épreuve ne contrariât trop la tendresse que la jeune personne avait pour l'auteur de ses jours, et la connaissant trop timide pour y mettre une juste rigueur, il voulut assister à cette tentative, afin d'encourager Espérie par sa présence et ses conseils.

En conséquence, après lui avoir donné ses instructions, tous deux entrèrent, un matin, sans Sergie, ni d'autres personnes, dans l'appartement de la comtesse de Hautefère. Ma sœur, lui dit froidement, sir Roland, voilà votre fille qui a à vous faire aujourd'hui une bien triste confidence. — Laquelle, mon frère ? — Elle va vous le dire. Parlez, Espérie ?

Espérie, toute tremblante, dit à Isabelle : Ma mère, le destin cruel, qui nous poursuit l'une et l'autre, me force à vous quitter, et dès ce matin même. — Grand Dieu ! tu me quitterais ? Tu abandonnerais ta mère dans l'état douloureux où l'a plongée la méchanceté des hommes ? Eh ! qu'ai-je donc fait, mon enfant, pour mériter de toi, un pareil abandon ? — Ma mère, pouvez-vous m'écouter avec attention ? — Oh, mon Dieu ! si je n'en mettais pas, dans ce moment où tu me menaces de te perdre encore une fois ! Parle, mon Espérie, mais ne brise pas trop long-temps le cœur de ta mère, que cette nouvelle a déchiré ! — Ma mère, vous ne savez pas qu'il est de la plus haute importance, pour mon oncle, pour ses amis, pour le roi surtout... — Pour le grand Henri ? Tu m'effrayes ! continue. — De trouver enfin cette liste et ce trésor, que mon père avait réunis, et qu'il a cachés, conjointement avec vous, on ne sait dans quel endroit.

La comtesse devient soucieuse. Espérie continue : Si vous avez juré aux manes de mon père, de ne pas divulguer ce secret, sans doute vous avez très-bien fait ; cela voulait dire qu'aucun étranger, du parti contraire au nôtre, ne devait le pénétrer; mais à votre frère, à votre père, à moi, aux chevaliers de Saint-Jacques, au roi enfin, à qui cette découverte est des plus utiles, pouvez-vous, devez-vous la celer? Réfléchissez, ma mère, et veuillez nous éclairer?

La comtesse regarde encore la terre, et répond d'une voix sourde : chaque fois qu'on m'interroge sur cet objet, on me rend à mes noires vapeurs, on me replonge dans un chaos d'idées.... que je ne peux assembler ni détacher de mon cerveau... Antoine, ce méchant, aurait-il tourné contre moi jusqu'à ma propre fille; car il n'y a qu'un émissaire d'Antoine qui puisse me faire une pareille question.

— Regardez-moi, ma mère, et voyez si vous pouvez me ranger au nombre de vos ennemis. — Je te regarde, ma fille, et je vois bien que tu veux savoir..... ce que je ne sais plus, moi-même. Non, en vérité, je ne me rappelle plus... depuis que le feu du ciel.... — O ma bonne mère, vous pensez bien que c'est un rêve que vous avez fait. Rappelez-vous que vous avez rêvé cela, que pendant le délire d'une fièvre ardente.... — Non, non, non, je ne l'ai point rêvé; j'ai vu ton père, je l'ai vu, et d'aussi près que tu l'es de moi. — La comtesse Isabelle de Rançon, la femme la plus spirituelle, la plus éclairée, la moins superstitieuse de son siècle, peut-elle?.... — La pauvre comtesse Isabelle de Rançon n'est plus tout cela, mon enfant. C'est maintenant une vieille insensée, à charge à tout le monde comme à elle-même, et que l'on veut tromper encore, en cherchant à lui tirer un secret, qu'elle n'avouera jamais. — Réfléchissez, ma mère?... — C'est réfléchi, ma fille. Vous, votre oncle, vos chevaliers de Saint-Jacques, ne saurez rien ! Etes-vous devenus fous, à votre tour, de vouloir que je compromette, par une coupable indiscrétion, la vie de vingt mille fidèles amis du roi ? — Puisque c'est pour le roi qu'on veut les connaître, pour les armer en faveur de ce roi chéri, pour grossir son armée, pour accroître enfin le nombre de ses partisans et de ses vengeurs ! Ma mère, daignez en grace comprendre cela ? — Oh, tout mon être frémit à l'idée de compromettre tant de braves gens. Ne m'en parlez plus, Espérie, ne m'en parlez jamais ! vous me trouverez toujours inébranlable sur ce point.

Espérie

Espérie est désolée. Son oncle lui jette un regard, qu'elle ne comprend que trop, et elle répond à la comtesse : en ce cas, ma mère, veuillez recevoir mes tristes adieux ; nous ne nous reverrons de long-temps ! — De long-temps ? pourquoi donc ? — Ecoutez encore, ma mère ? Comme nous tenons à découvrir ces précieux objets, mon oncle, le comte Geoffroy, votre père, Adalard et moi, nous allons tous partir pour votre château de Hautefère? Nous n'entrerons peut-être point dans ce château, puisqu'il vous a été volé par Antoine, qui en est aujourd'hui le propriétaire. Cependant, déguisés en hermites de Saint-Jacques, il est possible que le concierge nous en ouvre les portes, en l'absence d'Antoine, qui est, dit-on, allé rejoindre le duc de Mayenne. Nous employerons la ruse et l'adresse, pour faire des recherches partout où nous le pourrons, et nous ne reviendrons plus que nous n'ayons atteint le but de notre recherche. Nous partons à l'instant... — Ma fille ! qui me consolera pendant ton absence ? — Ma mère ?... Vous l'aurez voulu, puisque d'un mot vous pouvez nous éviter ces courses et ces peines, qui, si elles deviennent inutiles, peuvent être encore très-dangereuses ! Je puis, moi surtout, retomber dans les fers d'Antoine, devenir sa victime, ou celle de son méchant neveu Frédégond ! — Ah, ciel ! ma fille, quel tableau m'offres-tu ? — Il faut que nous retrouvions ces objets, ma mère ! Il faut que j'y sois, puisque je connais mieux les localités de votre château que mon oncle et ses amis. Ainsi, nous partons.

Roland prend la main de sa nièce,

l'emmène, et se contente, quoiqu'avec peine, de dire à sa sœur, un froid *adieu, madame.*

La comtesse se lève, s'empare de sa fille et s'écrie : vous me surprenez bien, mon frère ; vous, si doux, si bon, si obligeant pour moi, vous pouvez m'enlever ma fille, l'arracher de mes bras. — Eh, madame, cédez donc au vœu de votre fille, si vous voulez la garder.

Espérie se précipite aux pieds de la comtesse : ô ma mère, s'écrie-t-elle à son tour, veuillez verser votre secret dans notre sein, et nous restons tous. — Ma fille ! tu me délaisserais ! non ! c'est un barbare, c'est Antoine qui a mis dans ton cœur ce projet coupable.

— Etes-vous toujours assez injuste pour me supposer d'intelligence avec un pareil scélérat, l'ennemi de ma mère et mon propre ennemi ! mon oncle, mon aïeul, tous leurs chevaliers vous supplient, par mon organe, de me dévoiler la retraite où vous avez caché ces papiers? — Jamais, on ne le saura.

La comtesse se remet dans son fauteuil, et fixe de nouveau ses regards vers la terre. Espérie s'éloigne, en lui disant, les larmes aux yeux et le cœur gonflé de douleur : Eh bien donc! adieu, adieu, ma mère!

La comtesse jette un cri en s'élançant de nouveau sur sa fille : Espérie? Espérie? reviens, reviens à moi? Je vais tout te dire... Mais, mon Dieu, je vais donc livrer à la mort tant d'innocens!

Elle en revient toujours là, interrompt Roland désespéré. C'est étonnant qu'on ne puisse pas lui faire entendre que c'est, tout au contraire, pour les sauver. Prenons un autre moyen. Ma sœur ? Si je n'ai pas cette liste aujourd'hui, elle tombe, demain, entre les mains d'Antoine ; j'en ai la certitude. Antoine a ordonné une recherche exacte dans le château qu'il possède.... Où ils sont sans doute ? Ils sont dans le château de Hautefère, n'est-il pas vrai ?

La comtesse ne témoigne aucune émotion ; Roland poursuit : Sont-ils dans le château ? ou plutôt dans le souterrain ?... Veuillez répondre ?... Ma nièce, ta mère vient de te faire une promesse qu'elle ne veut apparemment pas réaliser ; sortons.

La comtesse court encore une fois à sa fille, et dit : rendez-moi mon Espérie ? ce n'est qu'à elle que je veux confier un pareil secret... Mais, ô mon Dieu !... ma tête... je les avais-là, tout à l'heure, ces papiers... je les tenais ! on me les a arrachés... Qui ?

Antoine sans doute?... Ma fille, je te le jure, je suis de bonne foi. Dieu m'est témoin que je les tenais-là, à l'instant, pour te les donner ; quelqu'un me les a pris... Antoine. Oui, c'est-lui, le voilà encore, dans ce coin, il me sourit avec amertume. Il me les montre ; il vous sacrifiera tous. Sortez, sortez, ô ma fille ! sauve-toi de la rage de ce monstre ; qu'il ne prenne que moi pour victime. Misérable Antoine, rends-moi ce que tu viens de me voler.

Elle court vers une place où il n'y a personne, et tombe de sa hauteur, sur le plancher, privée de sentiment.

Espérie court à sa mère, en s'écriant : ô mon oncle ! nous l'aurons tuée. Je vous le disais bien, cette épreuve était trop forte ; peut-on tourmenter ainsi une malheureuse femme, dans un pareil état !

Sir Roland se hâte d'ouvrir une porte, d'appeler du secours. Sergie accourt, la fidèle Sergie vole à son ancienne maîtresse, et, pendant ce temps, Roland entraîne, malgré elle, Espérie qui disparaît aux yeux de sa mère. Roland dit ensuite à sa nièce : Mon enfant, je souffre comme toi d'être obligé de la persécuter de la sorte ; mais si tu songes à l'importance du secret qu'elle s'obstine à nous taire ! —Mon oncle, n'en accusez que sa démence qui s'est montrée de nouveau, et dans sa plus grande force : elle ouvrait la bouche pour céder à nos vœux pressans ; tout-à-coup !..... O mon Dieu ! quel état affligeant ! — Quelque douloureux qu'il soit, ma chère nièce, je persiste dans mon projet. Tu vas rester, comme nous en sommes convenus, deux jours sans la voir ; elle te croira, ainsi que moi, qui m'éloignerai aussi de ses regards, partis pour son château de Hautefère, d'après le prétexte que nous avons pris, et peut-être, nos parens, nos plus intimes chevaliers, qui vont l'entourer, la décideront-ils à nous faire cet aveu, à notre prétendu retour. Tu pleures, Espérie ! J'afflige bien ton ame sensible ? Mais les succès du roi, mon Espérie, les succès d'un si bon roi doivent faire oublier tous les intérêts particuliers : sois Française, Espérie ! dévoue-toi pour ton prince, aux dépens même de quelques chagrins momentanés que nous causons forcément à une femme insensée ! — Il faut, mon oncle, que dans ce délire, où elle a cru revoir mon père, elle lui ait juré bien fortement de taire jusqu'à la mort ce secret, dont elle exagère le danger au point de craindre de

nous le confier. Sa tête alors s'embarrasse, et elle retombe dans un accès, que d'autres croiraient joué, que nous ne regardons que comme trop réel, nous qui connaissons la candeur de la comtesse et sa déplorable maladie !
— C'est encore, mon enfant, par excès de délicatesse de sa part ; elle craint de compromettre les vingt mille partisans du roi, et elle ne sent pas qu'elle les compromet davantage, en laissant la liste de leurs noms à la merci du premier ligueur qui la découvrira.

En causant ainsi, ils rencontrèrent Hunold, qui leur demanda le succès de leur démarche. — Reste avec ta cousine, lui répondit sir Roland ; elle t'apprendra le résultat de notre triste tentative.

Roland voulait ainsi laisser à sa nièce quelques momens d'entretien avec son cousin, afin qu'elle pût se distraire un peu du chagrin qu'elle venait d'éprouver; mais l'amour ne pouvait absorber la tendresse filiale, dans un cœur aussi pur que celui d'Espérie. Elle répondit à peine à son cousin chéri; et vola dans sa chambre, pour y attendre Sergie, et savoir d'elle comment se trouvait la comtesse. Sergie lui dit que plusieurs des épouses des chevaliers l'entouraient, et cherchaient à la consoler; mais que l'infortunée Isabelle, ne voyant plus sa fille, la demandait à tout le monde, en répandant des larmes. — Oncle cruel, s'écria Espérie! c'est bien dans une pareille situation d'esprit qu'il faut désespérer un cœur aussi tendre! — Eh! mais, mademoiselle, vous sentez, comme lui, l'utilité d'une pareille découverte, si l'on pouvait la

faire. Vingt mille hommes et un trésor, pour notre grand roi, qui n'a plus, dit-on, ni hommes, ni argent!
— Je sais tout cela, Sergie ; mais faut-il qu'un pareil secret soit au pouvoir d'une malheureuse femme, dont la raison est aliénée! — Ah, j'en souffre autant que vous!

Espérie, à qui il était défendu de rentrer chez sa mère, quoiqu'elle en fût toujours voisine, passa une journée et une nuit des plus tristes. Elle ne dormit pas ; elle colla son oreille contre la porte, qu'on avait refermée exactement, et soupira à chaque sanglot qu'elle entendit pousser à sa mère désolée.

On avertit, au point du jour, le sir de Mortagne, qu'un chevalier, revenu du camp de Henri, lui rapportait la réponse de ce grand roi, à la lettre qu'il avait eu l'honneur de lui écrire. Ce chevalier, déguisé en hermite de Saint-Jacques, avait fait son message avec autant d'adresse que de bonheur. On sonna soudain le beffroi, et tous les chevaliers de l'Hermitage, avertis de quelque grande nouvelle, par ses sons argentins et répétés, se rendirent à la salle du conseil, qui fut bientôt remplie. Sir Roland de Mortagne, découvert, ainsi que tous les chevaliers, rompit le cachet royal, et lut à haute voix ce qui suit :

« Je suis, en vérité, mon cher de Mortagne, dans un état presque désespéré. Si Dieu ne vient à mon aide, je crois que je vais rester seul des soldats de mon armée. Je puis bien me dire soldat, car je travaille comme eux, couchant sur la dure, suppléant à tout autant que je le peux, et restant moins au lit, que Mayenne a table; mais cela ne m'ôterait point l'aise et contentement, si j'avais à la guerre tout ce que me faut. Que faire avec peu d'amis, pas de places importantes, des chefs qui m'abandonnent tous les jours, une toute petite armée, et point d'argent! oh, point d'argent! Je n'en ai pas pour payer les Suisses, fin de ce mois, et ne sais où en trouver.

« Si donc vous ne m'envoyez promptement vos vingt mille hommes et votre trésor, je serai battu, et, pour la vie, ne le voudrais! Ce n'est pas tout que de chanter des pseaumes avant la bataille, et de prier Dieu en mettant un genou en terre; si j'ai une armée sans soldats, mes ennemis ne diront plus cette fois ce que disaient ceux de la garnison de Marans, il y a un an : *Ils prient Dieu ; ils nous battront comme à Coutras.*

« Vous me demandez s'il faut envoyer la conspiration à Mayenne, où le laisser tuer par Haut-Castel ; mon avis est qu'il faut lui apprendre le danger qu'il court. A Dieu ne plaise que je laisse tuer qui que ce soit en traître, pas même mon ennemi. C'est d'un lâche, que de laisser faire un assassinat ; c'est en être complice que de le connaître et de ne pas en avertir ; prévenez donc celui-ci. Eh, ventre-saint-gris ! faisons la guerre franchement ; Dieu décidera toujours de la bonne cause ; ma confiance en lui est blanche et hors de tache, c'est ce qui me porte contentement.

« Adieu, mon cher de Mortagne. Vos vingt mille hommes et de l'argent, mon ami ? Sinon, je remettrai à voir Paris.

HENRI. »

Il n'y renonce pas, dit Roland, après la lecture de cette lettre. Vous voyez qu'aucun revers ne peut abattre le courage de ce grand roi. Celui-ci est pourtant bien décourageant. Il compte sur la promesse que mon frère lui a faite, et sur nous qui devons être vraiment, en cette occasion, ses exécuteurs testamentaires. Nous retombons dans le même embarras. J'ai envoyé, au château de Hautefère, des émissaires sûrs pour s'informer s'il n'y aurait pas quelque moyen de s'y introduire et de chercher partout. Ils sont revenus me rapporter que ce château était entièrement occupé par les créatures d'Antoine, qui, comme vous le savez, se l'est approprié, et qu'Antoine l'a fait en vain fouiller partout, non pas pour cette liste dont il ignore l'existence, mais pour voir si le comte Aldouin n'y avait pas caché des pièces d'or, des bijoux précieux. Il n'y a donc pas d'espoir de ce côté-là. D'ailleurs il y a toute apparence, d'après ce que m'a dit Landry, que ce n'est pas dans l'intérieur même du château que le dépôt a été caché... Enfin, nous ne pouvons attendre quelques lumières que de la part de la comtesse; mais vous connaissez son état, et encore une fois, il est bien douloureux, pour le roi et pour ses amis, qu'un secret de cette importance dépende d'une femme insensée. Je veux cependant faire encore aujourd'hui une nouvelle tentative sur son esprit égaré.

Quant à la conspiration d'Antoine, j'avais toujours pensé, sur cet article, comme notre généreux prince. Je ne voyais ni courage, ni loyauté à laisser assassiner un homme, quand
on

on pouvait l'empêcher, et ce n'est pas ainsi que j'aime à me défaire de mes ennemis. Mon avis est justifié par un ordre du roi lui-même ; je n'ai plus à le discuter, mais à l'exécuter. En conséquence, et attendu que ma présence est plus que jamais nécessaire ici, je charge le fils de sir Hatton de la Touraille de porter à Mayenne tous les papiers de la conspiration ourdie contre lui ; sir Hubert de la Touraille est brave comme son père, non moins adroit et prudent ; il remplira à merveille cette mission, sous les habits et en se renfermant dans l'institution pure et simple des hermites de Saint-Jacques. Je lui donnerai là-dessus des instructions, dont sans doute il n'aurait pas besoin, mais qui, jointes à ses propres intentions, ne pourront qu'ajouter à la sûreté du succès de son entreprise. Puisse succomber enfin Antoine Castagnet, et tous ceux qui lui ressemblent! Je n'ai point juré, comme ma nièce, de ne jamais venger les mânes de mes parens; mon plus ardent désir, au contraire, serait de voir tomber la tête du bourreau de ma famille. La vengeance est un noble sentiment, quand elle frappe sur les fléaux de l'humanité; c'est préserver l'innocence de devenir de nouveau sa victime. Ainsi donc, sir Hubert, venez avec moi, dans mon cabinet, et vous partirez à l'instant.

Sir Hubert remercia Roland de l'avoir honoré d'un pareil choix, et si sa jeune épouse, la comtesse Hubert de la Touraille, parut un peu alarmée des dangers de cette mission, elle fut bientôt rassurée en pensant à la bravoure, à la sagesse qu'elle connaissait à son époux.

La lettre royale fut déposée aux archives de l'ordre ; sir Hubert partit pour le camp de Mayenne, et, les deux jours pendant lesquels Espérie devait se priver de la douceur de voir sa mère, étant expirés, Roland se présenta chez elle avec Adalard, Landry et le sir de Rançon.

Ma nièce, lui dit Roland, Adalard, votre père, Landry et moi, nous allons entrer, par votre porte de communication, chez votre mère, qu'il vous sera permis enfin de revoir ce matin ; mais, comme il est nécessaire que nous lui parlions avant vous, vous n'entrerez que lorsque je vous enverrai chercher. J'espère que cela ne sera pas long, ou du moins je le desire de tout mon cœur. Attendez-nous donc ici.

Landry ouvre la porte ; Roland entre chez sa belle-sœur, qui est accompagnée, en ce moment, du vieux Hatton et du chevalier de Solminiac. Ce dernier dit tout bas à Roland : elle est beaucoup mieux aujourd'hui ; sans doute elle pleure toujours en nous redemandant sa fille ; mais sa raison nous paraît un peu revenue.

Cruel frère, dit la comtesse à Roland, vous voilà enfin ! me ramenez-vous, ma fille ? — Etes-vous décidée, Isabelle, à nous donner la satisfaction que nous attendons de vous ? — Eh ! mon Dieu ! dès l'autre jour, je voulais vous révéler tout ; mais vous n'avez pas voulu m'entendre. — Je suis prêt à le faire à l'instant, ma sœur, et si vous voulez bien nous dire la vérité, à l'instant aussi, je vous rends votre Espérie. Cela dépendra de la promptitude et de la clarté de vos réponses. Voyons, ma bonne sœur, dites-moi où vous avez caché cette liste et le trésor? — Oh! je m'en souviens très-bien, mon frère... comme d'hier... n'était-ce pas la nuit même qui précéda notre arrestation?... Vous voyez que je me le rappelle très-bien.

Roland, voyant encore un peu de trouble et d'hésitation dans cette réponse, dit à Landry: Tu sais, toi, ce que tu m'as rapporté, relativement à cette nuit mystérieuse? Fais, en ce sens, des questions à la comtesse, comme si c'était d'inspiration, et que tu devinasses en effet ce qui s'est passé. — Oui, mon maître.

LANDRY *à la comtesse.* Vous avez bien raison, madame la comtesse, c'était la nuit même qui précéda cette journée orageuse à la fin de laquelle vous avez été arrêtés, votre époux, votre fille et vous. Cette nuit-là, madame la comtesse, vous me dites:

Landry, laisse coucher tous les domestiques, et viens seul, à minuit, nous trouver, le comte et moi, dans son cabinet.

Isabelle. Je sais bien que je te dis cela.

Landry. Dès que je vis qu'il n'y avait plus de lumière nulle part, dans le château, dès que je me fus assuré enfin que tout le monde y était bien endormi, je me rendis au cabinet de Monsieur ? Vous m'en ouvrîtes mystérieusement la porte, que vous refermâtes sur moi ? Vous étiez pâle, ainsi que Monsieur ? Un grand coffret en marbre, couvercle de même, bien exactement fermé, était sur le secrétaire de Monsieur, en face de vous ? Ce coffret était large de cela et haut comme cela, d'à-peu-près deux pieds sur un, n'est-il pas vrai ?

(*A chacun des points d'interroga-*

tion qui coupaient ces diverses phrases, la comtesse, immobile, les yeux fixés attentivement sur Landry, faisait un signe de tête en avant, qui signifiait oui.) Landry continua : Vous me dites, madame la comtesse : Landry, il faut que le comte et moi, nous te regardions comme un de nos plus fidèles serviteurs pour avoir recours à toi dans ce moment. — Madame peut, vous répondis-je, m'honorer en toute sûreté de sa confiance. — C'est, me dites-vous vaguement, c'est que... dans ces temps de troubles, on n'est jamais sûr de sa liberté ; le comte et moi, nous voulons mettre nos effets les plus précieux à l'abri, et nous allons les... les cacher dans un endroit..... ce coffre est si lourd !... tu vas nous le porter, seulement pendant la traversée du parc au bout de l'allée des platanes; tu ouvriras la petite porte qui donne dans les champs; nous reprendrons ce coffre, la clef; nous refermerons à double tour, en dehors, cette petite porte, et tu reviendras te coucher, sans jamais parler à qui que ce soit de cette sortie nocturne? — Madame, je vous le promets. — Tu ne chercheras pas non plus à nous suivre, à nous guetter, à savoir ce que nous ferons de ce coffre? — Je vous le jure sur l'honneur... Voilà ce que vous me dites, madame la comtesse; vous en rappelez-vous bien?

Isabelle. J'ai quelque idée confuse de cela; mais continue; ton récit m'intéresse; il me remettra même mieux sur la voie; car ma pauvre tête!...

Landry. Mais, madame, voilà tout ce que je puis en savoir, moi. La
nuit

nuit était noire à ne point se voir à un pas. Nous n'avions pas de lanterne, pas de lumière. Nous descendîmes du cabinet de Monsieur par son petit escalier dérobé. Nous traversâmes l'allée de platanes, où nous nous heurtâmes contre presque tous les arbres. Je marchais devant; vous me suiviez, en sorte que c'était moi qui me coignais le plus souvent; car j'avais soin de vous dire : *un peu plus sur la gauche ? revenez à droite maintenant ?* Je portais le coffre sous lequel je rompais !... Monsieur avait bien un passe-partout, qui ouvrait la petite porte comme le mien; mais il exigea que je lui donnasse ma clef, pour m'en priver sans doute, pour mettre un frein à ma curiosité, si j'avais eu l'indiscrétion de m'y livrer. Vous sortîtes dans les champs, reprenant à vous deux votre coffret;

vous me fermâtes enfin la porte sur le nez, et je ne sus plus ce que vous étiez devenus. Est-ce bien cela ?

ISABELLE *rêvant.* Oui, oui, oh oui ! ce doit être comme cela.

LANDRY. Vous restâtes dehors deux mortelles heures ; car moi qui tremblais qu'il ne vous arrivât quelque chose, je ne me couchai que lorsque je vous eus entendu rentrer. Il était bien alors trois heures du matin.

ISABELLE. Tu ne t'es couché qu'après nous ?

LANDRY. J'ai veillé à ma fenêtre qui donne sur les champs ; mais l'obscurité m'empêchant de rien distinguer, j'écoutais si je ne vous entendais pas crier, appeler, me disposant, dans ce cas, à sortir par la grille du château, à voler à votre secours, si l'on vous eût attaqués.

La comtesse réfléchit profondément.

LANDRY. Ce coffret, madame, ne renfermait-il pas cette liste, ce trésor? car, vos effets les plus précieux, j'avais trop votre confiance pour ignorer où ils étaient, et je savais que vous n'en aviez pas détourné un seul. Ce ne pouvait donc être que la liste et le trésor?

La comtesse se tait.

LANDRY. N'est-il pas vrai, madame la comtesse, que c'était le trésor, la liste, que vous alliez cacher.

La comtesse fait signe que *oui*.

LANDRY. Est-ce dans la plaine, ou dans le bois voisin que vous avez caché ces précieux objets?

La comtesse rompt enfin le silence et dit, d'un accent sombre et les yeux fixés sur la terre : *attaqués*, dis-tu, Landry? Oh oui! mon Dieu, on ne nous a que trop attaqués!

Landry. Grand Dieu! on vous aurait pris ce coffret, cette nuit même?

Tout le monde, effrayé, s'écrie: Ciel! quel malheur!

Roland. On aurait arraché de vos mains, ma sœur, cet or, cette liste?

La comtesse se tait.

Landry. Cela n'est pas possible. Le comte aurait fait résistance; le plus léger bruit serait venu à mon oreille, dans cette nuit de silence et de ténèbres.

La Comtesse, *très-bas*. Attaqués! je le crois, et pour la vie!

Roland. Elle confond sans doute. Ce mot l'aura frappée, lui aura rappellé son emprisonnement, son jugement. Il n'est pas croyable que des voleurs se soient trouvés là, à point nommé, pour leur arracher ce coffre.

La Comtesse. Oh! il y en a partout.

Roland. Vous voyez, elle entend

distinctement tout ce que nous disons, même à demi-voix. Ma sœur, en grace, rappellez votre mémoire, où cachâtes-vous ce coffret?

La Comtesse, *levant la tête*. Mais je l'avais quand on m'a chargée de fers.

Roland. Oui, vous l'aviez; c'est-à-dire que vous saviez où il était.

La Comtesse. Je l'avais, vous dis-je, sur moi; avec le portrait de ma fille. Ils m'ont tout pris.

Landry. Allons, voilà qu'elle retombe. Elle avait sur elle un coffre de marbre, qui pesait peut-être trente livres, je ne sais combien!

Roland. Ma sœur! quand vous sortîtes, avec votre époux, par la petite porte de votre parc, où déposâtes-vous ce coffret?

La Comtesse. Ah! le coffret.

Roland. Oui ; écoutons.

La Comtesse. Où était la liste, l'or?

Roland. Oui ; après?

La Comtesse. Après?... Je ne me rappelle vraiment plus, mon frère? vous me tueriez, que je ne pourrais vous dire.... Attendez donc? dans cette grande plaine....

Roland. Ah! dans cette plaine au bout de votre château?

La Comtesse. Non, non. Dans la plaine où des cannibales demandaient ma mort.

Roland. La plaine de Corjac?...

La Comtesse. Je l'ai revu, ce trésor, les prêtres le portaient; Dieu me disait: meurs, ma fille, meurs pour ton prince, pour ta patrie ; je te réserve une place dans mon sein, auprès de ton immortel époux... et j'ai revu Aldouin! je l'ai revu! il était près de ma fille. Mais ces monstres hurlaient de la soif de mon sang. Il a coulé !...

Roland. Allons, il faut en désespérer; elle est absolument folle, l'infortunée ! en voilà assez pour aujourd'hui. Elle est retombée dans son noir, elle n'en sortira pas.

Le comte Geoffroy de Rançon dit, en versant des larmes ! Ah ! ma pauvre fille a la tête entièrement perdue !... On m'a parlé, depuis deux jours, d'un fameux médecin, qui demeure dans la vallée d'Ossan, en Béarn, et qui fait des cures surprenantes sur tous les insensés qu'on lui présente. —On me l'a vanté aussi, hier, comte ; on m'a même assuré qu'il guérirait ma sœur, si nous voulions la lui confier. J'ai vu des gens qui avaient été fous, et qu'il a rendus à leur pleine raison. —Il n'est bruit que de son talent prodigieux pour opérer cette espèce de miracle ; mais il est très-vieux, aveugle avec cela et tellement goutteux, qu'il en est impotent. Il faut absolument qu'on transporte les malades chez lui, où, malgré ses infirmités, il les guérit tout aussi habilement qu'il le faisait dans sa jeunesse. Si nous y menions ma fille ? —Comte de Rançon, pensez donc aux dangers qu'elle pourrait courir, si elle était reconnue par les affidés d'Antoine. —Il n'y a pas loin, sir Roland, d'ici à la vallée d'Ossan. Tous les bons Béarnais sont zélés pour leur roi qu'ils ont vu naître ; ils lui feraient un rempart de leurs corps. Espérie, en venant ici avec vous, a-t-elle éprouvé le plus léger accident, pendant sa maladie, et son séjour, chez le digne Béarnais de la plaine de Lescar ? On ne s'est pas même douté qu'elle était-là, tant ces pays sont sûrs et peu visités par l'ennemi! nous donnerons d'ailleurs, à notre Isabelle, un nombre de nos chevaliers, qui la garderont, qui la défendront, en cas d'une attaque que je regarde comme autant invraisemblable qu'impossible. Vous réfléchissez, sir Roland; il faut agir; la découverte qu'elle nous cèle est trop pressée et trop importante pour ne pas user de tous les moyens de la faire parler.

Qu'on me donne, dit Adalard, seulement Landry et mon domestique Fabio, je réponds de conduire la comtesse chez ce médecin, et de la ramener saine et sauve. Avec cela, on dit que le traitement, dont use ce fameux docteur, est d'un effet très-prompt. Deux jours de ses soins suffisent pour opérer la guérison la plus difficile. Essayons, mon maître? Si la comtesse recouvrait la raison et pouvait enfin nous éclairer sur ce que nous desirons savoir, ne serions-nous pas, de toutes les manières, au comble de nos vœux! — Il est certain, répliqua Roland, que tout le monde donne à ce nouvel Esculape un talent mervèilleux!..... Je le veux bien, Adalard, conduisez-lui ma sœur, et partez, demain, au point du jour; vous arriverez, le même soir, dans la vallée d'Ossan.

Ce parti fut donc arrêté ainsi; mais quand Espérie l'apprit, elle voulut être de ce voyage, pour ne pas perdre de vue sa mère, un seul instant, et lui tenir compagnie. Son aïeul et son oncle voulurent en vain s'opposer à ses vœux ardens; en vain cherchèrent-ils à l'effrayer par des périls réels ou imaginaires, qu'elle pourrait courir; Espérie sollicita, pleura, pria, soupira tant que sa demande fut accordée. Adalard promit d'en avoir le plus grand soin, et l'on savait que, sous la garde d'un pareil chef, les deux dames n'auraient rien à craindre. En conséquence, après avoir réuni la mère et la fille, au grand contentement de toutes deux, elles partirent, le lendemain matin, dans la même litière, accompagnées d'Adalard, de Sergie, de Landry et de Fabio, à cheval, suivant leur manière de voyager auprès de nos deux héroïnes infortunées.

Le troisième jour qui suivit leur départ, sir Roland reçut une lettre qu'il lut devant les chefs de son ordre. Elle était du seigneur de Haut-Castel lui-même, et contenait ces mots :

« Baron de Mortagne ! on m'a enfin dessillé les yeux sur votre prétendue aggrégation de l'Hermitage Saint-Jacques! Ce ne sont pas, comme je le croyais, comme bien des gens en sont encore persuadés, des saints et pieux personnages qui ne se mêlent que d'œuvres de charité ; ce sont de véritables rebelles, de lâches conspirateurs, qui, n'osant mettre l'épée à la main, font le vil métier d'espionner et de détourner des ames faibles de la bonne cause, de celle de notre sainte religion. Leurs envoyés, en capuchons, sont leurs espions, et leur mot de ralliement est: *Guerre aux factieux! Foi au Roi!* Suis-je instruit, cher baron de Mortagne?... J'ai déjà fait arrêter plusieurs de ces faux hermites, dont quelques-uns ont avoué la vérité au milieu des tortures. Tous vont être saisis, par mes ordres, partout et en quelque lieu qu'ils soient! Il est plus que temps de détruire cette espèce d'ordre de chevalerie des plus chevaleresques en effet ; et j'envoie à cet effet contre votre si paisible Hermitage, mon neveu Frédégond, à la tête de trois mille hommes ; j'espère que cela est plus que suffisant pour démolir une caverne, et m'amener, pieds et poings liés, les véritables factieux qu'elle renferme. L'avis que je vous en donne vous prouve assez, vils ennemis de notre sainte religion, combien je vous méprise et vous crains peu..... Aussi bien, me méfiais-je de quelques vallées du Béarn. Mon neveu va les visiter toutes et les épurer. Quant à vous, cher baron de Mortagne, qui recelez Espérie et une autre femme, dont je parviendrai à découvrir le nom, vous êtes perdus !... à moins que, remettant à mon neveu certains papiers que vous connaissez, vous ne vous rendiez dignes d'une clémence pour laquelle je lui ai laissé toute latitude. Vous m'entendez? Réfléchissez, et soumettez-vous, ou bien nous agirons.

« *Du camp du duc de Mayenne.*
» Antoine de Haut-Castel. »

ÉPILOGUE.

Mon Dieu, dis-je au possesseur du manuscrit, c'est bien dommage que midi sonne! J'aurais voulu savoir ce que le vaillant Roland allait répondre à cette lettre de menaces et vraiment effrayante! Comment, quelques zélés serviteurs du roi sont tombés dans les mains de cet affreux Antoine! Plusieurs ont été martyrisés par lui! et cette chère Espérie qui est, avec sa mère, dans le Béarn, que Frédégond va ravager à la tête de trois mille hommes! et l'Hermitage lui-même qui est menacé! Paisible vallée de Baygorri, vas-tu donc être ensanglantée! Je vous dis qu'en révolution, le plus petit coin de la terre ne peut pas se flatter d'être long-temps tranquille! — Mon cher monsieur, nous en avons eu de trop funestes exemples. C'est un incendie qui s'étend, s'accroît et dévore tout! Quelle funeste leçon pour les peuples, pour la France surtout qui doit se trouver bienheureuse d'avoir recouvré un Roi, dont toutes les actions, dont tous les vœux ne tendent qu'à sa constante félicité! — Oui, monsieur; ce bon Roi et son auguste, sa vertueuse famille, n'ont et ne peuvent avoir jamais qu'une seule occupation, une seule sollicitude, celle du bonheur des Français. C'est bien le cas de nous réunir d'esprit à cette foule qui court, qui s'empresse là-bas, pour les voir aller à la messe, comme nous eûmes hier ce bonheur, et de nous écrier, avec ces bons Français : *Vive* Louis XVIII ! *vivent à jamais les* Bourbons !

FIN DU TOME TROISIÈME.

REPERTOIRE GÉNÉRAL
DU
THÉATRE FRANÇAIS,

5i vol. in-12, *bien imprimés, en caractères petit romain neuf, sur bon papier.*

Il reste aussi quelques exemplaires sur papier vélin.

Cette intéressante et nombreuse Collection, qui forme à elle seule une Bibliothèque indispensable à tous les Acteurs et Amateurs de l'Art et du Théâtre, et que la modicité de son prix met à la portée de toutes les classes de la Société, est divisée en deux parties.

La première contient les Théâtres des Auteurs dramatiques du *premier ordre*, savoir : *Pierre* et *Thomas Corneille, Racine, Crébillon, Voltaire, Molière* et *Regnard.*

La seconde partie renferme toutes les Pièces des Auteurs du *second ordre*, publiées en 1804, par M. Petitot, sous le titre de *Répertoire du Théâtre Français*, 23 vol. in-8°. Elle renferme en outre plusieurs autres pièces dont la propriété n'était pas encore publique à cette époque.

On a ajouté à cette édition une Notice sur la vie et les ouvrages de chacun des Auteurs, avec la Note de toutes les Pièces qu'ils ont faites et la date des premières représentations. Ainsi la première Pièce de chaque Auteur se trouve précédée de sa vie.

On a fait suivre cet Ouvrage de deux Tables générales, l'une par noms d'Auteurs, qui a l'avantage de rappeler à la mémoire les Pièces de chacun d'eux; l'autre, par ordre alphabétique des pièces, qui indique le tome de la Collection où elles se trouvent.

www.ingramcontent.com/pod-product-compliance
Lightning Source LLC
Chambersburg PA
CBHW070823170426
43200CB00007B/876